El primer Evangelio: el Documento Q

CÉSAR VIDAL

EL PRIMER EVANGELIO: EL DOCUMENTO Q

Prólogo de Iker Jiménez

CÍRCULO DE LECTORES

El enigma Q

¿Los rollos del mar Muerto? ¿La secta de los esenios? ¿Los Evangelios Apócrifos?

Existe, afortunadamente, suficiente documentación reflejada en diversas obras para saciar la curiosidad que plantean todavía algunos de los principales y más célebres enigmas sagrados.

Algunos libros, convirtiéndose incluso en auténticos best sellers a nivel mundial, nos han aproximado a distintos aspectos heterodoxos de esas cuestiones eternamente pendientes.

Sin embargo, no es menos cierto que aún se resiste un área brumosa, repleta de tópicos y falsas leyendas motivadas precisamente por esa carencia informativa, en torno a la existencia real o ficticia de un Evangelio sensacional. Un Evangelio primitivo, anterior a todos los demás y que incluso fue el consultado directamente por Mateo y Lucas para realizar los suyos. Una concentración de escritos de vital importancia, elaborados antes del año 70, y que contienen dichos directos de Jesús de Nazaret con todo lo que ello supone.

A este Documento Q se le llamó también Documento-Fuente y se aseguró en su día que se trataba de un material sencillamente excepcional. Desde su descubrimiento y primeros estudios provocó una polémica entre estudiosos, expertos e investigadores que aún prosigue. Y es que, como todo lo que concierne a la figura del rabí de Galilea, se trata de material sensible que de inmediato divide los frentes y motiva posiciones contrapuestas y recalcitrantes entre las diversas corrientes.

Con ello, como siempre, el que acaba perdiendo es el lector no avezado. El hombre de la calle que tiene todo el derecho del mundo a conocer pero que no dispone de acceso a una información restringida en cenáculos de élites siempre eruditas y distantes.

Debido a la escasez de textos publicados en su día en torno al hallazgo de un material previo a todo lo narrado por los «reporteros oficiales» encarnados en las figuras de los evangelistas, se dispararon las imaginaciones de muchos, los sonoros titulares y el recelo de no pocas instituciones. Esto continuó manteniendo al enigmático Documento Q, al compendio de elementos que encerraba, alejado del público.

¿Se había descubierto un texto que contaba toda la verdad? ¿Era esa verdad algo diferente de lo que nos habían narrado las Sagradas Escrituras?

César Vidal, doctor en Historia Antigua, licenciado en Derecho y Teología, recompuso y tradujo por vez primera ese caudal informativo sorprendente y revelador. Y lo hizo desde su acostumbrado rigor acompañado de una sencillez al alcance de cualquier interesado en la materia. Las enseñanzas de Jesús según el Documento Q, la vida del Nazareno en los años menos conocidos, el transcurrir del día a día, las sectas o los movimientos religiosos serán ahora conocidos y valorados sin cortapisas. Y como siempre, cumpliendo con el espíritu de esta colección, con el material primigenio entre las manos, para que cada uno juzgue y valore.

El trabajo que ahora se dispone a leer tiene por lo tanto un valor excepcional. Sobre todo si queremos profundizar en una época, en un personaje y en una serie de hechos fundamentales para el desarrollo de nuestra propia historia y creencias.

Da la impresión, compartida cada vez por más estudiosos, de que aquel tiempo clave en la historia encierra demasiada oscuridad. Oscuridad que no se despeja sólo con lo que reflejan las Sagradas Escrituras. Deberían, por naturaleza, existir otras crónicas, otras descripciones, otras perspectivas que enriquecieran la visión global de unos acontecimientos asombrosos producidos en Oriente Medio en el siglo I.

Ahora, con esta guía entre las manos, al ponernos en la piel del arqueólogo o historiador que descubre un tesoro informativo de primera magnitud, podremos ir deslizándonos por los mismos textos y enigmas que han cautivado a los sabios en el último siglo.

Estoy seguro de que disfrutarán encontrándose las numerosas sorpresas que guarda el recorrido.

IKER JIMÉNEZ

El primer Evangelio: el Documento Q

Este libro, como toda obra histórica, es un esfuerzo de comprensión. Resulta por ello de justicia dedicárselo a mi padre –a quien he comprendido con el paso de los años, y especialmente después de casarme– y a mi madre –a quien he comprendido después de tener a mi hija–. A los dos, gracias.

ÍNDICE DE ABREVIATURAS

AGJU	Arbeiten zur Geschichte des antiken Judentums und des Urchristentums
AGSU	Arbeiten zur Geschichte des Spätjudentums und Urchristentums
AJSL	American Journal of Semitic Languages and Literatures
BA	Biblical Archaeologist
BASOR	Bulletin of the American Schools of Oriental Research
BSac	Bibliotheca Sacra
BJRL	Bulletin of the John Rylands University Library of Manchester
BTB	Biblical Theology Bulletin
BZ	Biblische Zeitschrift
BZNW	Beihefte zur Zeitschrift für die Neutestament liche Wissenschaft
CBQ	Catholic Biblical Quarterly
CQR	Church Quarterly Review
CRINT	Compendia rerum iudaicarum ad novum testamentum
DJG	Dictionary of Jesus and the Gospels, Leicester, 1992
DT	Diccionario de Teología
EncJud	Encyclopedia Judaica
Ephem Théolo	Ephemerides Théologicae
ETF	Espacio, Tiempo y Forma. Revista de la Facultad de Historia de la UNED

EvQ	Evangelical Quarterly
ExpT	Expository Times
JBL	Journal of Biblical Literature
JRS	Journal of Roman Studies
JSJ	Journal for the Study of Judaism in the Persian, Hellenistic and Roman Period
JSNT	Journal for the Study of the New Testament
JTS	Journal of Theological Studies
LA	Liber Annuus
NovTest	Novum Testamentum
NRT	Nouvelle Revue Théologique
PCB	Peake's Commentary on the Bible, Londres, 1962
PT	Pastoral Ecuménica
RB	Revue Biblique
RevQ	Revue de Qumran
Rev. Sc. ph.th.	Revue des Sciences philosophiques et théologiques
RSR	Recherches de Science Religieuse
SBT	Studies in Biblical Theology
SE	Studia Evangelica
SJT	Scottish Journal of Theology
TLZ	Theologische Literaturzeitung
TZ	Theologische Zeitschrift
ZNW	Zeitschrift für die neutestamentliche Wissenschaft

Introducción

¿Qué es el Documento Q?

Comencé a trabajar con el Documento Q hace ya varios años, cuando me encontraba redactando mi tesis doctoral en Historia Antigua acerca del judeocristianismo palestino durante el siglo I. Al analizar las fuentes históricas que nos podía llevar a un conocimiento de la época descubrí que, hasta la fecha, nadie había traducido al castellano (ni estudiado monográficamente en un libro específico) el Documento Q. Se convirtió entonces para mí en un foco de interés que no he dejado de cultivar desde entonces aunque, momentáneamente, la elaboración de otros estudios lo apartaran de mis planes.

Naturalmente, a estas alturas, el lector se preguntará qué es el Documento Q. Se trata de una fuente escrita, compuesta en su mayor parte por dichos de Jesús aunque también contiene algún relato de sus hechos, que constituyó el primer Evangelio del que tenemos noticia con certeza y que fue utilizada por los evangelistas Mateo y Lucas para la redacción de sus respectivos evangelios canónicos.

El término Q deriva de la palabra *Quelle* (fuente, en alemán). El primero en utilizar el mismo para referirse a este documento fue Johannes Weiss en 1890[1]. En un ensayo escrito en esa fecha se refirió a Lucas 11, 14-26 como originado en una fuente de dichos (*Redenquelle*, en alemán) que había sido utilizada por Mateo y Lucas. Quizá hubiera sido más lógico llamar a este material R (de *Redenquelle*) que Q, pero lo cierto es que Weiss optó por la segunda

1. J. Weiss, «Die Verteidigung Jesu gegen den Vorwurf des Bündnisses mit Beelzebul», *Theologische Studien und Kritiken*, 63, 1890, p. 557.

opción y así se ha perpetuado desde entonces en la comunidad científica.

Aunque Q es un Evangelio, su forma no es la del «Evangelio narrativo», como los Evangelios del Nuevo Testamento, sino la del «Evangelio de Dichos», como es el caso del Evangelio de Tomás, también traducido por mí al castellano[2]. Es decir, se trata de una obra en la que el énfasis se sitúa más en las enseñanzas de Jesús que en sus hechos, si bien esto habría que matizarlo, porque Q recoge referencias a sus milagros de curaciones y a las expulsiones de demonios.

Sabemos que los primeros cristianos transmitieron en forma oral muchas tradiciones acerca de Jesús, pero Q parece haber sido un documento escrito. De hecho, cuando comparamos el uso que del mismo hicieron Lucas y Mateo comprobamos que las referencias son textuales, prácticamente palabra por palabra. Con todo, y dado que no nos ha llegado ninguna copia del Documento Q, nos vemos obligados a reconstruirlo a partir del material suyo que aparece contenido en Mateo y Lucas, una tarea no fácil pero sí posible, cuyo resultado final es compartido, salvo cuestiones de matiz, por prácticamente la totalidad de los investigadores.

¿Cuándo y dónde se escribió el Documento Q?

El Documento Q –en esto hay un consenso unánime entre los especialistas– fue escrito antes del año 70 d.C., fecha ésta crucial porque en ella tuvo lugar la toma de Jerusalén por las tropas romanas de Tito y la destrucción del Templo. Es éste un tema sobre el que volveremos más a fondo al analizar el contexto histórico de Q. Dado que Q es anterior a Marcos (que debió de escribirse sobre el 60 d.C.), normalmente tiende a fecharse este documento en algún momento entre el 50 y el 70 d.C., aunque existen muchas probabilidades de que sea incluso anterior.

2. C. Vidal, *Los Evangelios gnósticos*, Madrid, Edaf, 2005. El texto es una reedición de una traducción publicada por mí en 1991.

Dado que Q recoge bastante material relacionado con el norte de Galilea, mientras que Jerusalén sólo es mencionada en Q 4, 9 y 13, 34, y la región cerca del Jordán, una en Q 3, 3, parece lógico pensar que su origen geográfico debe ligarse a la primera zona[3].

¿Cómo se descubrió el Documento Q?

Si se estudia con cuidado el material que ha llegado hasta nosotros relacionado con la historia de Jesús y del cristianismo primitivo (como las cartas de Pablo), nos encontramos con que existía un conocimiento de dichos y fórmulas de Jesús que habían sido entregados de unos a otros. Así, Pablo, en I Corintios 15, 1 y ss., puede indicar hechos y dichos de conocimiento general. Sabe que Jesús se apareció a Pedro, a los Doce, a su hermano Santiago –que antes no había creído en Jesús y que, al parecer, se convirtió tras verlo resucitado–, a más de quinientos hermanos (muchos de los cuales vivían en ese momento) y a él. También sabe que la noche en que iba a ser entregado, Jesús pronunció unas palabras rituales al partir el pan.

Algo similar sucede con Lucas, que en los primeros versículos de su Evangelio señala cómo ha ido recopilando materiales procedentes de testigos oculares a fin de dar un relato exacto de la vida y enseñanza de Jesús (Lucas 1, 1-3).

La existencia de estos materiales resultó más evidente cuando se procedió a analizar la «prehistoria» de los Evangelios Sinópticos (Mateo, Marcos y Lucas). Prácticamente todo el material que aparece en Marcos está en Mateo y/o Lucas; los tres Evangelios presentan enormes coincidencias en el vocabulario, el orden de las palabras, el estilo y la estructura de las frases, y la secuencia de las perícopas es muy similar asimismo en los tres.

Ya en el siglo IV (con Eusebio y Agustín) tales hechos eran claramente aceptados por los escrituristas, pero fue a partir de finales

3. En el mismo sentido, con un tratamiento en profundidad del tema, véase I. Havener, *Q, The Sayings of Jesus*, Wilmington, 1987, pp. 42-45.

del siglo XVIII cuando se comenzaron a articular posibles teorías de explicación. G. E. Lessing (1778) y J. G. Eichhorn (1794) pensaron que había existido un «primer evangelio» *(Urevangelium)* del que los otros habían tomado material. F. Schleiermacher (1817) propuso una hipótesis de fragmentos, de acuerdo a la cual distintos autores habían fijado por escrito palabras y hechos de Jesús que, posteriormente, habían sido unidos por los evangelistas. Por último, J. G. von Herder (1796) y J. K. L. Gieselerd (1818) abogaron por la existencia de una tradición oral común. Sería, sin embargo, otra teoría la que obtendría un consenso mayoritario[4].

Esta hipótesis es la conocida como de las Dos Fuentes, y fue formulada por H. J. Holtzmann. De acuerdo a la misma, tanto Mateo como Lucas habrían utilizado una forma primitiva de Marcos (a la que denominó *Urmarkus*) y el resto de su material, mayoritariamente dichos, lo habrían obtenido de una fuente común. Esta fuente es nuestro Documento Q. Aunque la teoría ha sido objeto de matizaciones (algunos autores hablan además de un Documento L usado por Lucas o de cuatro fuentes en lugar de dos), en términos generales resulta de aceptación prácticamente universal.

El Documento Q aparece así como un «Evangelio (prácticamente) de Dichos» cuyo valor nos resulta inestimable. Adolf von Harnack lo consideró un conjunto de las enseñanzas de Jesús durante su ministerio galileo recogidas sin ningún tipo de prejuicio por un compilador[5]. A. Jülicher[6] señaló que en este documento aparecían los dichos de Jesús «en forma auténtica», tal y como Je-

4. Aunque no unánime, y con razón. Pensemos que también existen materiales en los que Mateo y Lucas coinciden entre sí y difieren de Marcos. Resulta difícil creer que los dos primeros se basaran en el tercero para escribir los mismos. Una posible solución requeriría, quizá, una explicación ecléctica: la existencia de materiales orales primitivos que, desde muy pronto, se fijaron en hebreo y de ahí al griego. Ésta es la tesis propuesta, en términos amplios, por R. L. Lindsey y D. Flusser. La misma nos parece, salvando matices, con muchas probabilidades de ser correcta.

5. A. von Harnack, *The Sayings of Jesus*, Londres, 1908, p. 172.

6. A. Jülicher, *An Introduction to the New Testament*, Londres, 1904, p. 358.

sús los había pronunciado. Naturalmente, no todos los críticos se mostraron tan optimistas en sus apreciaciones.

LA RECONSTRUCCIÓN DE Q

Existe una larga tradición de reconstrucciones de Q, aunque no en castellano. A. von Harnack, J. Schmid y T. W. Manson efectuaron, en su día, reconstrucciones del Documento Q[7]. Más recientemente, A. Polag ha llevado a cabo un nuevo intento[8] y J. Kloppenborg[9] ha realizado una magnífica labor en lo que a la búsqueda de paralelos de Q en otras fuentes se refiere.

Aunque ninguna reconstrucción –incluyendo la propia– coincide en un ciento por ciento, sí existe un amplio consenso en la inmensa mayoría de los aspectos[10]. Igual puede decirse de la presente. La misma está antecedida –por resultar, a nuestro juicio, obligatorio para comprender el texto– por seis capítulos dedicados al contexto social. Asimismo, hemos realizado una somera introducción al Jesús y a las enseñanzas del Documento Q en la segunda y tercera partes de esta obra. Finalmente, incluimos dos apéndices de acercamiento a los temas relativos a si podemos conocer históricamente a Jesús y a en qué medida nos ayuda el Documento Q a fechar los Evangelios.

7. Véase A. von Harnack, *The Sayings of Jesus*, *op. cit.*; J. Schmid, *Mattäus und Lukas: Eine Untersuchung des Verhältnisses ihrer Evangelien*, Friburgo, 1930; T. W. Manson, *The Sayings of Jesus*, Londres, 1949.

8. A. Polag, *Fragmenta Q: Textheft zur Logienquelle*, Neukirchener-Vluyn, 1979.

9. J. Kloppenborg, *Q. Parallels*, Sonoma, 1988.

10. Los dichos de Q usan en esta versión la numeración del Evangelio de Lucas por pensar que la secuencia de éste es más correcta.

Primera parte

El contexto del Documento Q

Capítulo I

El contexto histórico (I)
Palestina durante la vida de Jesús (c. 5-6 a.C.-30 d.C.)

No sabemos con exactitud la fecha en que nació Jesús. Nuestra datación, que procede de Dionisio el Exiguo, es errónea y todo hace pensar que Jesús, realmente, nació antes del inicio de la era cristiana. Si aceptamos como cierto el dato de que su nacimiento se produjo cuando aún vivía Herodes el Grande (37-4 a.C.), podemos fijar como fecha hipotética del mismo alguna situada en torno al 5 o 6 a.C.

El Evangelio de Mateo recoge una tradición que señala que la familia de Jesús debió exiliarse a Egipto en los últimos años del citado monarca (Mateo 2, 14-20) y existe un paralelo talmúdico donde también se nos refiere que Jesús pasó un tiempo de su vida en este país.

A la muerte de Herodes, no se hicieron esperar los disturbios contra Roma y contra su sucesor, Arquelao. En la Pascua del año 4 a.C. se produjo una sublevación de los judíos porque Arquelao se negó a destituir a Joazar, el nuevo sumo sacerdote. Pese a que el disturbio se saldó con la muerte de tres mil judíos, apenas unas semanas después, durante la festividad de Pentecostés, el romano Sabino tuvo que hacer frente a un nuevo levantamiento judío que sólo pudo conjurar tras recibir ayuda de Varo, el gobernador romano de Siria[1]. Si con ello esperaba concluir con el problema, se equivocaba totalmente.

En poco tiempo, la rebelión se extendió, como una mancha de aceite, por todo el país. Un rebelde llamado Judas se apoderó

1. Josefo, *Guerra II*, 39-54; *Ant. XVII*, 250-268.

de Séforis. Otro, de nombre Simón, se sublevó en Perea. Atrongues y sus cuatro hermanos comenzaron a campear por Judea. Lo único que los unía era el odio a Roma y el deseo de ser reyes[2].

La respuesta de Roma fue rápida y contundente. Séforis fue arrasada y sus habitantes vendidos como esclavos. Safo y Emaús resultaron presa de la mayor destrucción. Jerusalén fue respetada, aunque allí se crucificaron a dos mil rebeldes.

La división del reino de Herodes

Arquelao había demostrado su incapacidad para gobernar y aquello resultaba intolerable para Roma. El antiguo reino de Herodes fue dividido entre tres de sus hijos: Arquelao recibió Judea, Samaria e Idumea; Herodes Antipas, Galilea y Perea, con el título de tetrarca; y Filipo, la Batanea, la Traconítide, la Auranítide y parte del territorio que había pertenecido a Zenodoro. Salomé, la hermana de Herodes, recibió Jamnia, Azoto y Fáselis, y algunas ciudades griegas fueron declaradas libres.

Los distintos gobiernos sufrieron destinos bien diversos. De Filipo apenas debemos hacer mención, porque su relación con la historia que nos interesa es mínima. Su reinado, del que Schürer señaló que había sido «dulce, justo y pacífico», no se entrecruza realmente con nuestro objeto de interés.

Cuestión distinta es Arquelao. Su incapacidad como gobernante siguió siendo tan acentuada que el año 6 d.C. Roma decidió privarle de su reino –aunque, en puridad, no era rey, sino etnarca– y absorber los territorios que lo componían.

Herodes Antipas (4 a.C.-30 d.C.) representa mayor trascendencia en relación con este período. Cínico, ambicioso, sensual, no tuvo reparos en tomar a la esposa de su hermano, Herodías, y en encarcelar en Maqueronte al profeta judío Juan el Bautista, para, finalmente, darle muerte (Mateo 14, 1-10). Jesús no parece haber tenido

2. Josefo, *Guerra II*, 55-65; *Ant. XVII*, 269-285.

estima por su persona –lo que no es extraño– y, quizá, se vio amenazado por él durante su predicación, aunque este extremo no resulta seguro del todo (Lucas 13, 32). El Evangelio de Lucas contiene asimismo una tradición que afirma que tuvo algún papel en el proceso de Jesús, si bien no relacionado directamente con su muerte.

Interesado en imitar a los monarcas helenistas, reconstruyó Séforis y la pobló con gente que demostraría ser fiel a Roma. En Tiberíades llevó a cabo incluso un experimento destinado a convertirla en una *polis* al estilo griego. Fundada hacia el 23 d.C., fue pronto elevada a la categoría de capital de su tetrarquía, en menoscabo de Séforis. La ciudad se mantuvo leal a su fundador, y no registraría disturbios hasta que, unos veinte años después, Nerón se la entregó a Agripa II.

El destino de Herodes estuvo marcado por su matrimonio con Herodías, la mujer de su hermano. El matrimonio con ella no sólo le ocasionó problemas con Juan el Bautista y cierto número de judíos piadosos que se oponían a una boda en contra de lo dispuesto en Levítico 18, 16 y 20, 21. También le deparó un conflicto bélico. Para casarse con Herodías, Herodes había tenido que deshacerse antes de una esposa anterior, hija de Aretas, el rey de los nabateos, y aquello provocó la guerra entre ambos gobernantes. Muy mal lo hubiera pasado Herodes de no haber sido por Vitelio, quien, por orden del emperador Tiberio, le prestó ayuda.

Cuando Herodes Antipas escuchó a Herodías y marchó a Roma, persuadido de que obtendría más territorio que gobernar, selló su suerte. El nuevo emperador le privó de sus dominios y lo desterró. Siquiera por este final de la historia, a Herodes le hubiera resultado más provechoso escuchar a Juan el Bautista que hacerlo decapitar.

Los procuradores romanos anteriores a Pilato

Coponio fue el primer prefecto romano de la provincia de Judea, que, en este período, sólo comprendía el territorio que había sido regido previamente por Arquelao. Josefo sitúa durante su gobierno la rebelión de Judas el Galileo en oposición al pago del impuesto a Roma, pero existen poderosos indicios que hacen pensar en que el mismo fue anterior[3]. Más verosímil es que, efectivamente, durante su administración, los samaritanos profanaran los patios del Templo de Jerusalén esparciendo en ellos huesos humanos.

Semejante tropelía no provocó una reacción violenta por parte de los judíos (ese tipo de acciones se sitúan, con la excepción del levantamiento de Judas el Galileo, generalmente en el período posterior a la muerte de Herodes Agripa), pero se redoblaron las medidas de seguridad para que el hecho no volviera a repetirse.

Del año 9 al 26 d.C. se sucedieron tres prefectos romanos: Ambíbulo (9 al 12 d.C.), Rufo (12 al 15 d.C.) y Grato (15 al 26 d.C.). Pese a que Grato llevó una política arbitraria en relación con los sumos sacerdotes, impulsado posiblemente por la codicia (destituyó al sumo sacerdote Anano y nombró a Ismael, hijo de Fabo; un año después destituyó a Eleazar y nombró a Simón, hijo de Camit; menos de un año después, éste fue sustituido por José Caifás)[4], no parece que la situación fuera especialmente intranquila en lo que a la generalidad de la población se refiere.

PONCIO PILATO (26-36 D.C.)

A Grato le sucedió Pilato, que es el prefecto romano que más nos interesa en relación con este período. Su gobierno fue de enorme tensión[5] y tanto Josefo como Filón nos lo presentan bajo una luz desfavorable[6] que, muy posiblemente, se correspondió con la realidad. El personaje resulta de especial relevancia porque fue el que

3. Una discusión sobre el tema en H. Guevara, *Ambiente político del pueblo judío en tiempos de Jesús*, Madrid, Cristiandad, 1985, pp. 56 y ss. y 85.

4. Josefo, *Ant. XVII*, 34-35.

5. M. Smallwood, *The Jews under the Roman Rule*, Leiden, Brill, 1976, p. 172.

6. Una crítica de diversas opiniones en los especialistas en M. Stern, *The Jewish People*, I, Assen, 1974, p. 350.

pronunció la sentencia de muerte por crucifixión contra Jesús. Asimismo, se vio enfrentado con los judíos en algunas ocasiones de no poco relieve.

Josefo narra[7] cómo en una ocasión introdujo, en contra del precepto del Decálogo que prohíbe hacer imágenes y rendirles culto (Éxodo 20, 4-5), unas estatuas en Jerusalén aprovechando la noche. No está muy claro en qué consistió el episodio en sí (¿eran quizá los estandartes militares los que entraron en la ciudad?) pero, fuera como fuese, la reacción de los judíos fue rápida y unánime. De manera pacífica, marcharon hacia Cesarea, donde se encontraba a la sazón Pilato, y le suplicaron que retirara las efigies de la ciudad sagrada. La respuesta de Pilato fue negativa, ante lo que los judíos optaron por prosternarse durante cinco días alrededor de la residencia del prefecto. Cuando éste les amenazó de muerte, mostraron sus cuellos indicando que preferían morir a quebrantar la ley de Dios. Finalmente, mediante aquella acción que podríamos denominar no violenta, los judíos obtuvieron su objetivo.

Una respuesta similar, en lo que a la ausencia de violencia se refiere, fue la que dieron también los judíos con ocasión de otro de los desaires de Pilato. Nos estamos refiriendo a la utilización de dinero sagrado de los judíos por parte del romano con la finalidad de construir un acueducto[8]. Lejos de recurrir a las armas, los judíos se dedicaron a proferir improperios contra los romanos (resulta obvio que el aspecto religioso primaba sobre la consideración práctica de que Pilato hubiera traído el agua desde una distancia de doscientos estadios). Pilato optó por disfrazar a parte de sus tropas y darles la orden de que golpearan a los que vociferaban, pero no con la espada, sino con garrotes. El número de heridos fue considerable (entre ellos, los pisoteados por sus compatriotas en el momento de la fuga), pero allí terminó todo el tumulto.

Quizá este conocimiento de que los judíos no optaban por las acciones armadas desde hacía décadas fue lo que llevó a Pilato a

7. Josefo, *Guerra II*, 169-174; *Ant. XVIII*, 55-59.
8. Josefo, *Guerra II*, 175-177; *Ant. XVIII*, 60-62.

captar que Jesús no era un peligro (al menos, aparente) para Roma, cuando le fue entregado por algunas de las autoridades judías. Aquel hombre se hallaba imbuido de una visión espiritual de la vida y su muerte parecía no tener sentido. La literatura rabínica nos habla de cómo[9], efectivamente, existía la costumbre de soltar un preso durante la festividad de la Pascua, y Pilato, según los Evangelios, intentó utilizar ese recurso legal para libertar a Jesús (Marcos 15). Ni esa acción ni el remitir el asunto a la competencia de Herodes Antipas, que se encontraba en Jerusalén para celebrar la Pascua (Lucas 23, 6-12)[10], ni tampoco el aplicarle el castigo de la flagelación para contentar a sus enemigos[11], sirvieron, empero, para salvar a Jesús.

Se había dado cita una serie de intereses encontrados que se encaminaban, irreversiblemente, a provocar su muerte: la oposición y el miedo de los saduceos y de la aristocracia sacerdotal; el temor de Roma a un tumulto si se enfrentaba con estratos judíos poderosos en una fiesta como la Pascua en que Jerusalén estaba llena de peregrinos; la indiferencia de Herodes Antipas, que se libraba de un súbdito quizá peligroso; la cobardía de Pilato, temeroso de ser acusado ante el emperador; todos fueron hechos que se acumularon en la balanza en contra de Jesús.

En el otro platillo no se podía colocar nada. Los fariseos no podían simpatizar con Jesús, sus seguidores habían huido asustados y él mismo había profetizado la destrucción del Templo[12], colocándose así bajo una luz desfavorable ante poderes que sólo deseaban

9. Véase S. Safrai, *Peregrinaje en el tiempo del Segundo Templo* (en hebreo), Tel Aviv, 1965, pp. 159 y ss.

10. Coincidimos con David Flusser (*Jesús*, Madrid, Cristiandad, 1975, p. 139) en afirmar la veracidad de esta noticia que, efectivamente, aparece corroborada por Hechos 4, 25-28, el Evangelio de Pedro y un texto judeocristiano publicado por S. Pinés (*The Jewish Christians of the Early Centuries of Christianity According to a New Source*, Jerusalén, 1966, pp. 56 y ss.).

11. Ésta es la tesis sustentada, a nuestro juicio muy acertadamente, por A. Sherwin-White, *Roman Society and Roman Law in the New Testament*, Grand Rapids, 1978, pp. 24 y ss.

12. Sobre este aspecto volveremos más adelante al tratar de la fuente Q.

tranquilidad, aunque ésta fuera la de los cementerios. Utilizando un procedimiento jurídico simplificado, conocido como «extraordinaria cognitio», Pilato decretó la muerte de Jesús en el suplicio más cruel de la época: la cruz. La decisión, y esto es lógico si tenemos en cuenta el carácter pacifista de las medidas de oposición judías a Roma de las últimas décadas, provocó llanto y dolor en muchos, alivio en otros, pero ni un ápice de violencia. Era, lo más seguro, el año 30 d.C.

En el año 36 d.C., como consecuencia de unas protestas presentadas ante Vitelio, gobernador de Siria, por los samaritanos, a los que Pilato había reprimido duramente con las armas, éste fue destituido. El trasfondo de la zona era pacífico y resultaba impensable el estallido de una revuelta como sucedería pocos años después. Lo que tanto pareció temer Pilato la noche que le entregaron a Jesús se cumplía ahora.

Capítulo II

El contexto histórico (II)
Bajo Calígula, Claudio y Herodes (37-40 d.C.)

Bajo Calígula

Tiberio había dejado señalado en su testamento su deseo de que Gemelo, su nieto de dieciocho años, y Cayo, su sobrino nieto de veinticinco, fueran nombrados herederos conjuntos a su muerte[1]. Las cosas discurrirían, no obstante, por un cauce distinto. Cuando se produjo el fallecimiento, el Senado fue persuadido para otorgar el principado a Cayo y no seguir la disposición del testamento de Tiberio. La razón alegada fue el supuesto estado mental del difunto emperador. En aquel hecho de enorme trascendencia tuvo un destacado papel Sertorio Macrón, el sucesor de Sejano como prefecto de la guardia pretoriana.

La subida al poder de Cayo, conocido popularmente como Calígula[2], se produjo bajo los mejores auspicios, que no se verían defraudados en los seis primeros meses de su gobierno. Pero aquella calma iba a durar poco. En octubre del 37 d.C., Calígula cayó gravemente enfermo y, al recuperarse de la dolencia, pudo ya apreciarse en él un cambio notable de carácter que Josefo describe como un paso de la moderación a la autodeificación[3]. Las causas a las que pudiera obedecer tal cambio siguen sin esclarecerse del todo.

1. Suetonio, *Tiberio*, 76.
2. Suetonio, *Calígula*, 9. La palabra significa, literalmente, «botita» y proviene de un apelativo cariñoso que le tributaron los soldados a las órdenes de su padre cuando él era todavía un niño.
3. Josefo, *Ant. XVIII*, 256.

Al inicio de su principado, Calígula liberó a Herodes Agripa de su prisión –donde se hallaba por ofender a Tiberio[4]– y le dispensó grandes honores como muestra de amistad. Le regaló una cadena de oro de peso similar a la que había llevado de hierro durante su cautividad y le asignó el gobierno del territorio que su tío Filipo había gobernado como tetrarca hasta su fallecimiento, unos tres años antes, al igual que la zona norteña de Abilene, que anteriormente había formado parte de la tetrarquía de Lisanias.

No se conformó el romano con todo esto. Añadió además la concesión a Herodes Agripa del título de rey[5]. Para colmo, Herodes Agripa aún recibiría la satisfacción de ver caer en desgracia a Herodes Antipas y de contemplar cómo pasaba la tetrarquía de Galilea y de Perea, que éste detentaba, a su propio reino (39 d.C.)[6].

Inicialmente, pues, también para los judíos (al menos para Herodes Agripa), el principado de Calígula se iniciaba bajo los mejores auspicios. El cambio de actitud de Calígula se produciría, aproximadamente, al año y medio de dar comienzo su reinado[7]. En el otoño del 38 d.C. tuvo lugar una sangrienta algarada contra los judíos de Alejandría. Existía en esta ciudad una colonia numerosa e influyente de los mismos, y la situación, cíclicamente, se convertía en considerablemente tensa. Esta vez, aparentemente, la revuelta fue debida al populacho pero, realmente, estaba detrás la mano del emperador que creía firmemente en su propia divinidad[8].

Los judíos de la ciudad, claramente monoteístas, no podían aceptar las veleidades imperiales y por ello fueron contemplados como hostiles, lo que proporcionó una magnífica oportunidad a los antisemitas para dar rienda suelta a su rencor. El mismo gobernador de Egipto, Avilio Flaco, se avino a consentir en semejante desafuero, fundamentalmente porque había sido amigo de Tiberio

4. Josefo, *Guerra II*, 178.
5. Josefo, *Guerra II*, 181; *Ant. XVIII*, 236 y ss.
6. Josefo, *Guerra II*, 182 y ss.; *Ant. XVIII*, 240 y ss.
7. Josefo, *Ant. XVIII*, 7, 2.
8. Filón, *Legación* 11, 13-16; 43; Josefo, *Ant. XVIII*, 7, 2, *XIX*, 1, 1; 1, 2; *Dión LIX*, 26, 28; Suetonio, *Calígula* 22.

y carecía de valedores ante el nuevo emperador, cuya amistad ansiaba obtener[9]. Con ello, el encargado de acabar con el conflicto se convertía en uno de los principales interesados en que el mismo continuara.

La misma visita de Agripa a la ciudad sólo contribuyó a caldear más los ánimos[10], y Flaco optó, finalmente, por permitir la colocación de imágenes en las sinagogas, promulgar un edicto privando a los judíos de los derechos de ciudadanía y legitimar la persecución de los mismos[11]. La reacción, como en otros paralelos realmente lamentables, fue muy rápida. El saqueo de las propiedades judías, el asesinato de judíos y la profanación y destrucción de sus sinagogas no se hicieron esperar[12].

La situación sólo parece haberse suavizado un tanto cuando Flaco fue llevado a Roma como prisionero y desterrado inmediatamente a la isla de Andros en el Egeo, donde fue ejecutado[13].

El sucesor de Flaco fue Vitrasio Polión que, presuntamente, debió de conducir las cosas a su cauce al menos en lo que al orden público se refiere, ya que Claudio, que resolvió finalmente el conflicto en favor de los judíos, lo mantuvo en el ejercicio del cargo. Con todo, todavía en el 40 d.C. seguía existiendo un clima enrarecido entre judíos y no judíos de Alejandría que motivó el envío a Roma de una legación, encabezada por el judío Filón, para presentar el caso ante el emperador. Éste, tras recibirlos de manera humillante, los despidió sin que lograran su objetivo[14].

Cronológicamente en paralelo con el viaje de la legación se producía un incidente en Palestina que hubiera podido tener gravísimas consecuencias. Los habitantes gentiles de Jamnia levantaron un altar en honor de Calígula que, al menos indirectamente, pretendía también ofender a los judíos, que eran mayoritarios en la

9. Filón, *Contra Flaco* 3.
10. Filón, *Contra Flaco* 61.
11. Filón, *Contra Flaco* 6-7.
12. Filón, *Contra Flaco* 6-9 y 20; *idem*, *Legación* 18.
13. Filón, *Contra Flaco* 12-21.
14. Josefo, *Ant. XVIII*, 8, 1.

zona. Éstos destruyeron el altar, y cuando el emperador, informado por el procurador imperial de la ciudad[15] Herennio Capitón, lo supo ordenó que una estatua suya fuera levantada en el Templo de Jerusalén (invierno del 39-40 d.C.)[16]. El gobernador de Siria, Publio Petronio –mientras se forjaba la estatuta en Sidón–, se reunió con los responsables judíos en Ptolemaida intentando infructuosamente convencerles de que obedecieran la consigna imperial[17]. El empeño era vano, desde luego. La Biblia prohíbe expresamente la fabricación de imágenes y rendirles culto (Éxodo 20, 4-5), incluso si pretenden simbolizar o representar a Dios. Este mandato había sido cumplido estrictamente por los judíos durante siglos en relación a la divinidad, ¿cómo no iban a sentirse irritados si el sujeto de la efigie era además un emperador pagano que tenía la osadía de pretenderse un dios?

La noticia se hizo pública y, entonces, una multitud espontánea de judíos dividida en seis grupos diferentes (ancianos, hombres, niños, ancianas, mujeres y niñas) se presentó ante Petronio que, impresionado, les prometió posponer el cumplimiento de la orden[18], si bien silenció al emperador la verdad. Éste recibió una misiva en la que se pedía un aplazamiento de la ejecución por razones de tipo práctico, como eran el tiempo para concluir el encargo y la cercanía de la época de la cosecha, que podía ser destruida por los judíos irritados, dificultando así la visita del emperador a Egipto pasando por Palestina. No parece que el emperador se sintiera contento con aquellas noticias pero envió una carta a Petronio elogiándolo por su prudencia y animándole a concluir cuanto antes con la misión encomendada[19].

Aquello había sido, sin embargo, sólo un descanso en medio de la refriega y, por ello, se produjo la celebración de nuevas negocia-

15. En ese sentido Josefo, *Ant. XVIII*, 6, 3. Filón (*Legación* 30) lo denomina, sin embargo, «recaudador de impuestos de Judea».

16. Filón, *Legación* 30.

17. Filón, *Legación* 31.

18. Filón, *Legación* 32; Josefo, *Guerra II*, 10, 3-5; *Ant. XVIII*, 8, 2-3.

19. Filón, *Legación* 33; 34-35.

ciones a finales de año. En el curso de las mismas, volvió a quedar de manifiesto el sentir de los judíos, y la inquebrantable firmeza de éstos, unida a la intercesión de Aristóbulo, el hermano de Agripa, llevó finalmente a Petronio a solicitar del emperador la revocación de la orden[20].

Eso era lo mismo que había solicitado Agripa de Calígula tras encontrarse con él en Putéoli, al regreso del emperador de su campaña germánica[21] y, de forma inesperada, el judío obtuvo de Calígula que diera la orden de no profanar el Templo. No obstante, el emperador decretaba que si cualquiera deseaba erigirle un Templo o una estatua fuera de Jerusalén, no se le podría impedir, lo que invalidaba en buena medida el carácter generoso de la contraorden.

Con todo, tampoco la concesión del emperador duraría mucho. Arrepentido de haber cedido a las súplicas de Agripa, ordenó fabricar una estatua suya en Roma con la intención de que fuera colocada en Jerusalén. Josefo señala que este último proyecto de Calígula fue descartado por el propio emperador también a petición de Agripa[22], pero no es segura la veracidad de la noticia. Lo cierto es que sólo el asesinato del emperador (24 de enero del 41 d.C.), que aconteció poco después, concluyó de manera definitiva la cuestión.

Su muerte salvó también a Petronio. Calígula le había enviado la orden de suicidarse al llegar la carta del gobernador en que le pedía que desistiera de su plan. Petronio supo de la muerte de Calígula veintisiete días antes de que los mensajeros imperiales llegasen a Palestina con la orden imperial de que se suicidara. Éstos se habían retrasado tres meses en la travesía desde Roma a causa del mal tiempo[23] y aquel retraso salvó la vida al único romano que se había mostrado sensible a los impulsos originados por la fe de los judíos.

20. Josefo, *Ant. XVIII*, 8, 5-6; *Guerra II*, 10, 3-5. Josefo menciona además en la *Guerra* la retirada del ejército romano de Ptolemaida a Antioquía.

21. Filón, *Legación* 29 y 35-41.

22. Josefo, *Ant. XVIII*, 8, 7-8.

23. Fuentes rabínicas del episodio en Meg Taan 26; TJ Sot 24b; TB Sot 33a.

Bajo Claudio y Herodes Agripa

El asesinato de Calígula hizo que la sucesión recayera en un personaje aparentemente anodino, el viejo Claudio. Quizá se pensó en un primer momento que sería una fácil marioneta en manos de otros intereses, pero ése no fue el caso realmente. Para los judíos constituyó, en términos generales, un cambio a mejor mientras siguió viviendo Herodes Agripa. Claudio y Agripa nacieron con bastante probabilidad en el mismo año (11-10 a.C.). Cuando Aristóbulo, el padre de Agripa, fue ejecutado (7 a.C.), tanto él como su madre Berenice fueron enviados a Roma. Ella se convertiría en amiga íntima de Antonia, la madre de Claudio, y lo mismo sucedería a Agripa con este último. Aquella amistad iniciada en la infancia no se vería interrumpida con el paso de los años y, por ello, no resulta difícil de entender que una de las primeras acciones de gobierno de Claudio consistiera precisamente en añadir Judea al reino de Agripa. Aquello tenía una enorme trascendencia porque significó que pasara a reinar sobre un territorio casi similar al de su abuelo[24]. Al mismo tiempo, Claudio elevó a Agripa al rango consular –cuatro años antes había recibido del Senado el rango pretoriano– y entregó el reino de Calcia, en el valle del Líbano, a Herodes, hermano de Agripa.

Sin duda, la decisión de Claudio de traspasar Judea de la administración provincial romana al gobierno de un rey judío no debe ser considerada sólo en términos de amistad. Examinada la cuestión con cuidado, puede verse que en la misma subyace una buena dosis de realismo político. El emperador, posiblemente, había comprendido, a la luz de los últimos conflictos en Judea, que convenía más a los intereses de Roma el control de esta área mediante un monarca interpuesto que comprendiera a la población (especialmente sensible en lo que a cuestiones religiosas se refería), que el hecho de arriesgarse a una situación de dominio directo progresivamente explosiva. En este sentido, el nombramiento de Agripa

24. Josefo, *Guerra II*, 214; *Ant. XIX*, 274.

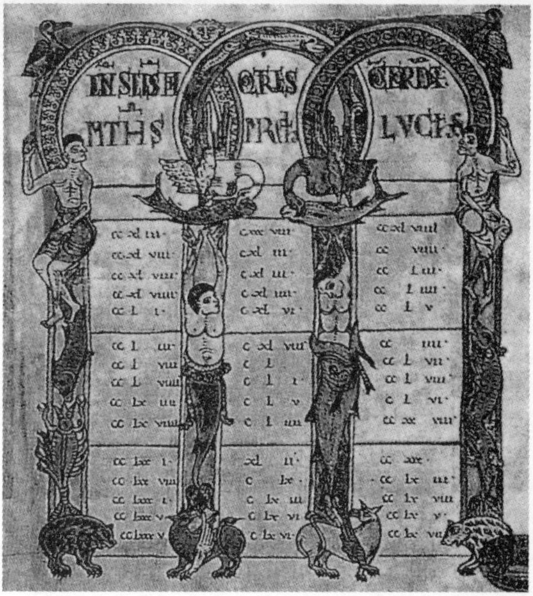

El Documento Q –por vez primera traducido al castellano por el autor de esta obra– es el primero de los Evangelios conocidos. Fue utilizado por los evangelistas Mateo y Lucas para redactar sus obras y nos ayuda a conocer la realidad histórica de Jesús. (En la ilustración, «cuadro sinóptico» de los textos de Marcos, Mateo y Lucas en el Evangeliario de Sant Miquel de Cuixà.)

Debió de recopilarse en algún lugar del norte de Galilea mucho antes del 70 d.C., fecha crucial porque en ella tuvo lugar la toma de Jerusalén por las tropas romanas de Tito y la destrucción del Templo (en el cuadro de Hayez).

como rey fue por parte de Claudio un acto de enorme sagacidad política, mucho mayor que el relacionado con Herodes el Grande en el 50 a.C., ya que el primero, a diferencia de éste, era popular entre los judíos y además podía jactarse de su ascendencia hasmonea a través de su abuela, la desdichada Mariamme.

La Mishnah ha recogido el grado de aceptación popular de que disfrutaba Herodes Agripa[25]. De acuerdo con lo prescrito en el capítulo 31 de Deuteronomio debía leerse en voz alta la ley a la gente reunida en el santuario central durante la fiesta de las Cabañas o los Tabernáculos (Sukkot). En octubre del año 41 d.C., durante la celebración de esta fiesta –unos quince días después del final del año sabático del 40-41 d.C.– Agripa, en su calidad de rey de los judíos, asistió a la ceremonia. En el patio del Templo había sido colocada una plataforma de madera, sobre la que se hallaba dispuesto un trono. Agripa recibió de pie el rollo del libro del Deuteronomio que le entregó el sumo sacerdote, pero en lugar de sentarse para leer las secciones concretas del mismo –algo que le estaba permitido como rey– permaneció de pie mientras procedía a su lectura. Al llegar al versículo 15 del capítulo 17 de Deuteronomio («Pondrás como rey sobre ti a uno de tus hermanos; no pondrás a un extranjero –que no es hermano tuyo– sobre ti»), Herodes estalló en sollozos al recordar su ascendencia idumea. Pero fuera o no sincero su comportamiento, lo cierto es que obtuvo el resultado deseado porque el pueblo prorrumpió en gritos de «No temas; tú eres nuestro hermano, tú eres nuestro hermano», recordando su parentesco con Mariamme.

Herodes Agripa no defraudó aquella confianza de la población y procuró manifestar un celo por la religión judía que aparece reflejado de manera insistente en las fuentes. Sabemos que ya con anterioridad había dedicado al Templo la cadena de oro que le había regalado Calígula[26] y que, al entrar como rey de Judea en Jerusalén, había ofrecido sacrificios de acción de gracias en el

25. Sotah, 7, 8.
26. Josefo, *Ant. XIX*, 294 y ss.

Templo y pagado los gastos de varios nazireos cuyos votos estaban a punto de expirar y cuyo rapado de cabello debía ir vinculado a las correspondientes ofrendas[27]. De la misma manera, alivió la carga impositiva que pesaba sobre algunos de los habitantes de Jerusalén[28].

Esta visión positiva de Herodes Agripa en relación con el judaísmo está contenida también en las fuentes rabínicas. Así, la Mishnah[29], aparte del suceso ya citado, señala cómo, en la fiesta de las primicias, el rey llevaba su cesta sobre el hombro al patio del Templo como si de un judío cualquiera se tratase.

Con todo, cabría preguntarse cuánto no habría de frío cálculo político por parte de Herodes Agripa en toda su piedad judía. La pregunta no es ociosa por cuanto –a semejanza de su abuelo– no mostró ningún tipo de escrúpulo religioso fuera de las zonas estrictamente judías de su reino. Es verdad que las monedas de su reinado acuñadas en Jerusalén no llevaban ninguna efigie, como señal de respeto a la prohibición de hacer imágenes contenida en Éxodo 20, 4 y ss., pero las acuñadas en Cesarea y otros lugares no judíos de su reino llevan imágenes suyas o del emperador[30].

Igualmente ordenó la colocación de estatuas de él y de su familia en Cesarea[31], y en la dedicación de los baños públicos, las columnatas, el teatro y el anfiteatro de Beryto (Beirut) dio muestra de andar muy lejos de una conducta modélica según la piedad judía[32]. Con todo, Herodes no parece haber tenido demasiado éxito con sus súbditos no judíos y buena prueba de ello son las manifestaciones de alegría protagonizadas por los habitantes de Cesarea y de Sebaste al saber la noticia de su muerte[33].

27. Josefo, *Ant. XIX*, 294.
28. Josefo, *Ant. XIX*, 299.
29. Bikkurim, 3, 4.
30. J. Meyshan, «The coinage of Agrippa the First», *Israel Exploration Journal*, 4, 1954, pp. 186 y ss.
31. Josefo, *Ant. XIX*, 357.
32. Josefo, *Ant. XIX*, 335 y ss.
33. Josefo, *Ant. XIX*, 356 y ss.

En cuanto a los judíos, el hecho de tener un rey propio tras más de tres décadas de gobierno romano debió de parecer lo suficientemente alentador para ellos como para no criticar excesivamente la manera en que Herodes se conducía en relación con sus súbditos paganos ni tampoco la forma en que destituyó durante su breve reinado a tres sumos sacerdotes y nombró a otros tantos[34].

El Nuevo Testamento confirma, siquiera indirectamente, el cuadro de Herodes que aparece en las fuentes ya citadas. Por un lado, parece evidente que el rey quiso ganarse el favor de ciertos sectores del judaísmo y entre las medidas susceptibles, en su opinión, de acarrearle mayor popularidad estuvo la de perseguir a los seguidores de Jesús. Según el relato contenido en el libro de los Hechos, mató a Santiago, el hijo de Zebedeo, uno de los primeros discípulos de Jesús, y encarceló a Pedro. Éste consiguió escapar de la prisión y, entonces, el gobierno de la comunidad de Jerusalén recayó sobre Santiago, el hermano de Jesús, que desempeñaría tal cometido hasta el año 62 d.C., en que murió.

Además, la presión ejercida por Herodes iba a concluir, de una manera drástica e inesperada, en virtud de su repentino fallecimiento. Éste nos ha sido descrito por Josefo y por los Hechos de manera coincidente en cuanto a los sucesos principales[35]. Los habitantes de Tiro y Sidón habían atravesado por una situación de tensión[36] en relación a Agripa, pero el hecho de que dependían de los distritos de Galilea para su alimentación les llevó pronto a intentar bienquistarse con el rey. A fin de conseguirlo, procedieron a sobornar a Blasto, un camarero o chambelán de Herodes.

Los fenicios, a fin de dar un testimonio público de que se había producido la reconciliación con el rey, descendieron a Cesarea con

34. Josefo, *Ant. XIX*, 297 y ss., 313 y ss., 342. Nombró a Simón Kanzeras, a Matías y a Elioenai.

35. Hechos 12, 20 y ss.; Josefo, *Ant. XIX*, 343 y ss.

36. Posiblemente habría que atribuir ésta al hecho de que Petronio, escuchando las protestas de los judíos, hubiera retirado la estatua de Claudio que los habitantes de Dora habían colocado en la sinagoga de esta ciudad (Josefo, *Ant. XIX*, 300 y ss.).

ocasión de un festival celebrado en honor de Claudio, posiblemente[37] el 1 de agosto, que era la fecha de su cumpleaños[38]. Según Josefo, el rey tomó asiento en el teatro al amanecer del segundo día de los juegos, llevando una túnica que, tejida con hilo de plata, reflejaba los rayos del sol, de manera que el público –formado por gentiles, por supuesto– comenzó a invocarlo como dios[39].

De acuerdo al libro de los Hechos, lo que provocó semejantes alabanzas fueron las palabras que dirigió a los delegados fenicios, mereciendo por ellas el calificativo de «voz de dios y no de un hombre»[40], un dato que encaja a la perfección con lo que conocemos del trasfondo político en que se movían ambas partes. Las dos fuentes indican que en ese preciso momento fue cuando Herodes resultó presa de un dolor mortal, que interpretan como un castigo divino por no haber honrado a Dios rechazando el culto que le tributaba la multitud. Llevado a su morada inmediatamente, la muerte tuvo lugar cinco días más tarde, de lo que podría haber sido una perforación de apéndice[41], aunque se han barajado también las posibilidades de un envenenamiento por arsénico[42], una obstrucción intestinal aguda[43] e incluso un quiste hidatídico[44].

La muerte del rey tuvo repercusiones distintas para judíos y judeocristianos. En el caso de los primeros constituyó un auténtico desastre nacional y no es de extrañar que la literatura posterior lo

37. La otra posibilidad, señalada por E. Meyer, *Ursprung und Anfänge des Christentums III*, Stuttgart, 1923, p. 167, es que se tratara de los juegos quinquenales instituidos por Herodes el Grande en Cesarea en honor del emperador con ocasión de la fundación de la ciudad el 5 de marzo del 9 a.C. Esta tesis tropieza con la dificultad de que el año 44 no era quinquenal según el cómputo de Cesarea.

38. Suetonio, *Claudio* 2, 1.

39. Josefo, *Ant. XIX*, 343 y ss.

40. Hechos 12, 20-22.

41. E. M. Merrins, *The Death of Antiochus IV, Herod the Great, and Herod Agrippa I*, Bibliotheca Sacra, 61, 1904, pp. 561 y ss.

42. J. Meyshan, «The Coinage of Agrippa the First», *op. cit.*, p. 187, n. 2

43. A. R. Short, *The Bible and Modern Medicine*, Londres, 1953, pp. 66 y ss.

44. F. F. Bruce menciona el caso de un médico de la Universidad de Sheffield, que mantenía esta tesis, en *New Testament History*, Nueva York, 1980, p. 263.

recordara con afecto y respeto. Muy posiblemente, de no haberse producido la muerte de Agripa –que, a la sazón, contaba sólo cuarenta y cuatro años de edad– los desastres que en las siguientes décadas recaerían sobre los judíos se hubieran podido evitar. Como mínimo, hubiera seguido existiendo un rey judío, posibilidad que se truncó desde el momento en que Claudio, siguiendo el consejo de sus asesores, no entregó el reino de Agripa a su hijo de diecisiete años de edad aludiendo a su juventud.

Con todo, cuesta creer que el hijo de Agripa hubiera gobernado peor que los funcionarios romanos que sucedieron a su padre. En el año 48 d.C., cuando su tío Herodes falleciera, se le haría entrega del reino de Calcis.

Por el contrario, es difícil creer que los judeocristianos pudieran interpretar como algo negativo la muerte de Herodes Agripa. Inicialmente significaba la desaparición de un perseguidor astuto que había causado la muerte de al menos uno de sus dirigentes principales y el exilio de otro. Pero por otra parte, a lo anterior se añadía el hecho de que la desaparición de un rey judío del carácter de Herodes privaba a los elementos hostiles al judeocristianismo de una posibilidad oficial de persecución. Enfrentado a cuestiones meramente religiosas, cabía la posibilidad de que el ocupante romano fuera incluso más objetivo a la hora de abordar los conflictos que un rey inclinado a satisfacer a los poderes fácticos judíos.

Capítulo III

El contexto histórico (III)
Los primeros procuradores

Fado

El período que sucedió a la muerte de Herodes Agripa no se caracterizaría por el sosiego. Cuspio Fado, el procurador romano, extendía su dominio sobre la totalidad del reino de Herodes Agripa. Por primera vez desde la subida al poder de Herodes el Grande, Galilea pasaba a formar parte de la provincia de Judea. La primera misión de Fado fue hacer sentir el peso de la fuerza a los habitantes de Cesarea y Sebaste que habían manifestado su alegría por la muerte de Agripa, olvidando que las mencionadas ciudades debían su fundación al abuelo de aquél[1].

Pronto resultaría evidente que el gobierno de los judíos no se revelaría como tarea fácil. Una disputa fronteriza entre los habitantes de Filadelfia (Amman), una de las ciudades no judías de la Decápolis, y los judíos de Zia, un villorrio situado al oeste de aquélla, a unos veinticinco kilómetros de distancia, terminó en efusión de sangre. Fado condenó a muerte a un dirigente de los judíos y envió al exilio a otros dos como culpables del ataque, pese a que éstos se consideraban amparados por la razón[2]. Por desgracia, aquello sólo fue el principio.

Pronto Fado tuvo que combatir a un tal Ptolomeo, al que capturó y dio muerte. Pese a que Josefo lo califica de «jefe de ladrones»[3], el hecho de que fuera enemigo de árabes e idumeos puede

1. Josefo, *Ant. XIX*, 364.
2. Josefo, *Ant. XX*, 2-4.
3. Josefo, *Ant. XX*, 5.

que haya hecho que muchos judíos no vieran con agrado la ejecución.

Desde luego, buena prueba del descontento que existía contra la presencia romana es la manera en que muchos siguieron a un falso profeta, llamado Teudas, al que Josefo califica de charlatán[4]. Éste –que no debe confundirse, como se hace a menudo, con el Teudas mencionado en Hechos 5, 36[5]– persuadió a una multitud para que lo acompañara al Jordán bajo promesa de que el río se abriría en dos como en tiempos de Josué y que, una vez cruzado, se apoderarían de la tierra.

Fado optó por atajar el mal de raíz. Envió contra él un escuadrón de caballería y el enfrentamiento entre las tropas de ocupación y el rebelde concluyó con la derrota de este último. Teudas mismo resultó capturado y ejecutado, y su cabeza fue enviada a Jerusalén. Fado había optado por una política de fuerza que seguramente incrementó el odio al invasor. A ello contribuyó, sin duda, el intento del procurador de volver a convertirse en custodio de las vestiduras del sumo sacerdote, una medida explosiva que no llegó a aplicarse sólo porque Claudio –quizá persuadido por el hijo de Agripa y su primo Aristóbulo– se opuso a ello[6].

En torno al año 46 a Fado le sucedió como procurador Tiberio Julio Alejandro. Éste era miembro de la familia judía más insigne de toda Alejandría, siendo hijo de Alejandro el «arabarjes» y sobrino del filósofo Filón. Pero los comunes lazos de sangre sólo contribuyeron a aumentar el malestar. No era para menos. Alejandro era, de hecho, un apóstata que había renegado de la fe

4. Josefo, *Ant. XX*, 97 y ss.

5. El Teudas de Hechos 5 debe identificarse con Teodoro o Matías de Margalo, que fue quemado vivo pocos meses antes de la muerte de Herodes, según nos relata Josefo, *Guerra I*, 648-655, y *Ant. XVII*, 149-167. Una defensa magnífica de este punto de vista –que compartimos– en H. Guevara, *Ambiente político del pueblo judío en tiempos de Jesús*, *op. cit.*, pp. 214 y ss.Véase también L. H. Feldman, *Josephus and Modern Scholarship*, Berlín-Nueva York, De Gruyter, 1984, pp. 717 y ss.

6. Josefo, *Ant. XX*, 6-14.

de sus mayores y que, para colmo, no perdía ocasión de demostrarlo.

Cuando tomó posesión de su cargo, Judea se hallaba bajo los efectos de una de las hambrunas que resultaron, desgraciadamente, tan habituales bajo el principado de Claudio[7]. Josefo menciona la ayuda que Izates, rey de Adiabene y prosélito del judaísmo, envió a Jerusalén para aliviar la miseria de los pobres y, asimismo, se refiere a su madre Elena de Adiabene, también prosélita, que hizo adquirir víveres en Alejandría (grano) y Chipre (higos), enviándolos luego a Judea para que fueran distribuidos entre los menesterosos[8]. Este último dato parece encontrar su corroboración en la Mishnah[9].

Una acción similar fue llevada a cabo por la comunidad cristiana de Antioquía en favor de sus hermanos de Judea. Según la fuente lucana, tal eventualidad había sido anunciada por uno de los profetas de la comunidad, de nombre Agabo, y el socorro se envió mediante Pablo y Bernabé[10]. El episodio es referido igualmente por Pablo, que señala además la presencia de Tito entre los que llevaron la ofrenda[11].

Aquella situación de necesidad iba a soliviantar aún más los ánimos de una población que, al menos en una importante proporción, experimentaba en esos momentos los golpes del hambre. Muy posiblemente, es con este trasfondo como hay que entender un levantamiento capitaneado por Santiago (o Jacobo) y Simón, dos hijos de Judas el Galileo[12]. Él mismo concluyó con la derrota y ejecución de dichos sublevados a manos del ocupante romano. Pero aquel revés no iba a disuadir a otros de optar por una alternativa violenta.

7. Suetonio, *Claudio XVIII,* 2.
8. Josefo, *Ant. III,* 320 y ss.; *XX,* 51-53, 101.
9. Nazir, 3, 6.
10. Hechos, 11, 27-30.
11. Gálatas 2, 1 y ss.
12. Josefo, *Ant. XX,* 102.

Lo cierto es que no iban a faltarles motivos bajo Cumano (48-52 d.C.), el sucesor de Alejandro. El mandato de Cumano se caracterizó por la continua repetición de ofensas causadas por los soldados romanos a la religión judía[13], por asesinatos de judíos que iban en peregrinación a Jerusalén perpetrados por samaritanos[14], por acciones armadas de los judíos –a las que Josefo califica de mero bandolerismo–[15], así como por un estado de guerra abierta entre los judíos y los samaritanos, asunto este último concluido cuando el Senado romano dio la razón a los primeros[16].

Que todo aquello no contribuía precisamente a tener una visión positiva de los no judíos es algo que se puede imaginar y que, desde luego, tuvo su repercusión en el movimiento cristiano. El año 49 d.C., un concilio celebrado en Jerusalén zanjó, de una vez por todas, las condiciones en que un no judío podía ser cristiano.

Algunos judeocristianos de Palestina habían intentado imponer a los no judíos que aceptaban la nueva fe la práctica de la circuncisión y de la Ley de Moisés, especialmente en lo que a normas dietéticas se refiere. Con ello se pretendía, muy posiblemente, lograr la consecución de dos objetivos. El primero era evitar que el movimiento recibiera en su seno a un número considerable de personas cuyo trasfondo moral era muy inferior al judío. La Ley de Moisés, razonaban los partidarios de esta postura, sería un método ideal para que se evitara ese riesgo. En segundo lugar, al circuncidarse y guardar la Ley, los cristianos de origen no judío se convertirían automáticamente en judíos, con lo que se eliminaría el riesgo de que el movimiento pudiera ser atacado por sus compatriotas por tener simpatías hacia los no judíos, preci-

13. Josefo, *Guerra II*, 224; *Ant. XX*, 108; *Guerra II*, 229; *Ant. XX*, 115.
14. Josefo, *Guerra II*, 232; *Ant. XX*, 118.
15. Josefo, *Guerra II*, 228; *Ant. XX*, 113.
16. Josefo, *Guerra II*, 232-246; *Ant. XX*, 118-136.

samente en una época en que éstos amargaban la existencia de Israel.

Los opuestos a este punto de vista (fundamentalmente, Pedro y Pablo) alegaban que ceder en esto haría perder de vista que la salvación se realizaba por la gracia de Dios mediante la fe en Jesús y no mediante las obras. El concilio de Jerusalén, cuyo relato aparece registrado en Hechos 15, escuchó el informe de Pablo sobre el crecimiento de la nueva fe entre los no judíos, así como la argumentación de Pedro y, finalmente, cedió la palabra a Santiago, «el hermano del Señor» (Gálatas 1, 19), como presidente de la comunidad de Jerusalén.

La decisión final resultó de consecuencias trascendentales. Los no judíos no estaban obligados ni a guardar la Ley de Moisés ni a circuncidarse pero, para no causar escándalo a los judíos, se les recomendaba abstenerse de ciertos alimentos (los sacrificados a los ídolos), de comida arrancada a un animal mientras vivía (que es lo que significa el mandato de abstenerse de sangre) y de ciertos matrimonios consanguíneos prohibidos por la Ley judía *(porneia)*. Mediante esta decisión, el cristianismo dio un paso definitivo para expandirse en territorio no judío al no considerar esenciales el cumplimiento de una serie de normas (la circuncisión, el guardar el sábado, las normas dietéticas, etc.) que frenaban a los misioneros judíos, sin embargo, en su labor proselitista en el resto del Imperio.

Excursus: ¿Cuál era la relación exacta de parentesco entre Jesús y Santiago, «el hermano del Señor»?

Es muy posible que la relación de parentesco entre Jesús y Santiago influyera, siquiera indirectamente, en el peso que el segundo disfrutó en el interior de la comunidad jerosilimitana. Sin embargo, establecer exactamente el tipo de parentesco entre ambos ha provocado históricamente una serie de polémicas cuya base y punto de partida son –hay que reconocerlo– más teológicos y dogmáticos que propiamente históricos. Josefo[17] entendió que eran hermanos carnales y en el mismo sentido ha sido comprendido el término *adelfós* con el que se califica a Santiago por los autores judíos posteriores[18].

De esa misma opinión fueron también algunos de los Padres de la Iglesia, como Hegesipo (que nos ha llegado a través de Eusebio de Cesarea), Tertuliano[19] o Juan Crisóstomo[20] –este último no parece haber tenido, además, un concepto excesivamente elevado, aunque tampoco puede decirse que negativo, de la madre de Jesús–, que consideraban a Santiago como hermano de Jesús e hijo de María.

En general, los autores católicos[21] –persiguiendo, sin duda, no colisionar con la creencia en la virginidad perpetua de María– han señalado que la palabra «hermano» en hebreo y arameo tiene un sentido más amplio que en castellano y que precisamente de esa manera habría que entenderla en relación con Santiago y los demás hermanos y hermanas de Jesús, a los que se refieren los Evangelios (Mateo 13, 55-56; Marcos 6, 3-4).

Ciertamente tal explicación no es imposible, pero no es fácil aceptar que Pablo, el autor de los Hechos, Marcos y Juan, escribiendo en griego y para un público en buena medida helénico, utilizaran la palabra *adelfós* para referirse a Santiago y los demás

17. Para una discusión completa sobre el tema véase: Primera parte. Fuentes: Josefo.

18. Véase J. Klausner, *Jesús de Nazaret,* Buenos Aires, Paidós, 1971, p. 368; H. Schonfield, *El partido de Jesús,* Barcelona, 1988, p. 134; D. Flusser, *Jesús, op. cit.*, pp. 136 y ss.

19. *De carne Christi* VII; *Adv. Marc.* IV, 19; *De monog.* VIII; *De virg. vel.* VI.

20. Homilía 44 sobre Mateo 1.

21. Una exposición brillante de la tesis católica en M. J. Lagrange, *Evangile selon Marc,* 1929, pp. 79-93. En el mismo sentido es interesante la aportación de G. M. de la Garenne, *Le problème des Frères du Seigneur,* París, 1928, que fue respondida por M. Goguel ese mismo año en *Revue de l'histoire des religions,* 98, 1928, pp. 120-125. Una interpretación más reciente –y mucho más desapasionada– por un autor católico en R. Brown, *El nacimiento del Mesías,* Madrid, Cristiandad, 1982, pp. 527 y 531 y ss.

hermanos de Jesús proporcionándole un significado distinto del más usual en esa lengua, y más cuando contaban con términos específicos para «primos»[22] o «parientes»[23].

Tan poco consistente debió de resultar este argumento lingüístico, en el siglo IV, a Jerónimo –y en eso sería seguido posteriormente por algunas iglesias orientales– o, efectivamente, debió resultarle tan claro que los hermanos de Jesús –incluido Santiago– eran realmente hermanos de él, que los adscribió a un matrimonio anterior de José, salvando así la tesis de la virginidad perpetua de María. Hemos estudiado con anterioridad este aspecto[24] mostrando cómo la tesis de Jerónimo es muy tardía, aunque cuenta en su favor con el hecho de arrancar de algún apócrifo judeocristiano en el que, no obstante, pesó sin duda más el elemento apologético –librar a Jesús de la acusación de ilegitimidad– que el deseo de conservar una tradición histórica.

Para el historiador que no se halle preocupado por defender un dogma asumido previamente, la solución más natural es la de aceptar que Santiago fue hermano de Jesús e hijo de María, aunque no cabe duda de que las otras posibilidades –«hermano» = «pariente» o «hermano» = hijo anterior de José– no son del todo improbables, si bien deberíamos preguntarnos, con P. Bonnard, si «¿se habrían derrochado tales tesoros de erudición para probarlo si no lo hubiese exigido el dogma posterior?»[25].

22. «Anepsios» en Colosenses 4, 10.

23. «Synguenes» o «synguenys» en Marcos 6, 4; Lucas 1, 58; 2, 44; 14, 12; 21, 16; Juan 18, 26; Hechos 10, 24; Romanos 9, 3; 16, 7, 11 y 21.

24. César Vidal, «La figura de María en la literatura apócrifa judeocristiana de los dos primeros siglos», en *Ephemerides Mariologicae*, vol. 41, Madrid, 1991, pp. 191-205.

25. P. Bonnard, *El Evangelio según san Mateo*, Madrid, Cristiandad, 1983, p. 287.

CAPÍTULO IV

EL CONTEXTO HISTÓRICO (IV)

BAJO FÉLIX (52-60 D.C.) Y FESTO (60-62 D.C.)

FÉLIX

Si la situación política y social de Judea se había deteriorado de manera especial siendo procuradores Fado, Alejandro y Cumano, bajo Félix y Festo los problemas experimentarían una agudización notable. Félix (52-60 d.C.) fue nombrado por Claudio antes de su muerte, quizá obedeciendo a un prurito antiaristocrático, ya que se trataba de un liberto, hermano de Palas[1]. Tácito[2] dice de él que ejercía los poderes de rey con alma de esclavo y, ciertamente, su corrupción resultó escandalosa.

Una de las primeras preocupaciones de Félix la constituyó lo que Josefo denomina «engañadores e impostores»[3] o «bandoleros y charlatanes»[4]. Sin duda, la afirmación de Josefo contiene verdad, pero ni es toda la verdad ni la única verdad. Los rebeldes poseían también un mensaje de claro contenido mesiánico y político.

Uno de los «impostores» a los que Félix tuvo que combatir fue el denominado «charlatán» egipcio[5] –quizá un judío de origen egipcio– que, tras labrarse una reputación como profeta, había reunido a varios millares de seguidores en el desierto, para conducirlos después al monte de los Olivos con la promesa de que entrarían en Jerusalén y tomarían la torre Antonia. A continuación, se-

1. Josefo, *Guerra II*, 247; *Ant. XX*, 137.
2. Tácito, *Historias V*, 9.
3. Josefo, *Guerra II*, 259.
4. Josefo, *Ant. XX*, 160.
5. Josefo, *Guerra II*, 261; *Ant. XX*, 169 y ss.

gún la predicción del «egipcio» se produciría su coronación como rey y aquellos que lo hubieran seguido pasarían a formar parte de su guardia regia.

Las ilusiones visionarias resultaron demasiado débiles como para oponerse con éxito a la reacción armada de Félix. Enfrentado al romano, muchos de sus seguidores murieron y el egipcio apenas logró escapar con algunos. Aquella experiencia debió de dejar un sabor amargo a decepción y estafa entre sus secuaces, por lo que no es extraño que, años después, cuando un oficial romano vio cómo la multitud de Jerusalén golpeaba a un hombre que hablaba en griego, pensara que el mismo no era sino el egipcio del que se vengaban sus antiguos fieles y adversarios[6].

Josefo señala que el egipcio contaba con un ejército de treinta mil hombres, pero creemos que se halla más cerca de la verdad el libro de los Hechos al reducir la cuantía del mismo a cuatro mil[7].

Con todo, es posible que ambas cantidades fueran la misma originalmente y que el error de Josefo no se deba sino a un copista posterior[8].

Aunque éste fue, posiblemente, el conflicto más serio con el que se encontró Félix, no resultó, desafortunadamente, el único. La política romana –de especial dureza en su enfrentamiento con el bandolerismo[9]– provocó las protestas del sumo sacerdote Jonatán. En respuesta, Félix no tuvo el menor reparo en contratar matones a sueldo que ocasionaran el asesinato del mismo[10]. Por ello, no es de extrañar que se declarara la rebelión abierta contra Roma[11] ni que aumentaran los profetas de la revolución armada[12]. Para colmo de males, se produjo en Cesarea un serio alter-

6. Como sabrá el lector, el hombre era Pablo, véase Hechos 21, 38.
7. Hechos 21, 38.
8. En este mismo sentido, F. F. Bruce, *New Testament History*, *op. cit.*, p. 340 n. 15.
9. Josefo, *Guerra II*, 253; *Ant. XX*, 160-161.
10. Josefo, *Guerra II*, 254-257; *Ant. XX*, 162-166.
11. Josefo, *Guerra II*, 264-265; *Ant. XX*, 172.
12. Josefo, *Guerra II*, 258-263.

cado entre judíos y griegos en relación con la igualdad de derechos civiles[13].

La fuente lucana[14] confirma el retrato de Félix que aparece en Josefo. En el año 57 d.C., Pablo llevó a Jerusalén una ofrenda económica recogida entre las iglesias fundadas por él. Sin duda, buscaba estrechar aún más los lazos con los judeocristianos palestinos. Por desgracia para él, se produjo un alboroto en el Templo, del que fue salvado por la intervención de la guarnición romana. Se iniciaba así un cautiverio de varios años que concluiría, al final, en su llegada a Roma. Fue en medio de esta coyuntura cuando fue llevado ante Félix, al que el libro de los Hechos nos presenta, muy acertadamente, como un sujeto venal, oportunista, entregado a sus vicios y lo suficientemente consciente de su corrupción como para que le desagradara escuchar predicar a Pablo sobre el dominio propio y el juicio final (Hechos 23, 23 a 24, 27).

Con todo, la responsabilidad del desorden no puede atribuirse exclusivamente al ocupante. La clase dirigente judía se mostró también incapaz de manejar una situación de por sí explosiva. El gobierno de Félix fue testigo de cómo los sumos sacerdotes peleaban públicamente entre ellos y de cómo se robaba a los sacerdotes más pobres el diezmo, llevando a este segmento del clero a una situación angustiosa de hambre[15], y, ante hechos así, el que Nerón entregara a Agripa II las ciudades de Tiberíades, Tariqueas y Julias junto con otras poblaciones[16], no debió de empeorar excesivamente la situación.

La situación, pues, durante el gobierno de Félix fue claramente de clima prerrevolucionario. La autoridad era incapaz de mantener la ley y el orden. La clase dirigente se hallaba fraccionada e incluso arremetía contra algunos de sus valedores, como eran los

13. Josefo, *Guerra II*, 266-270; *Ant. XX*, 173-178.

14. Hechos 24.

15. Josefo, *Ant. XX*, 179-181.

16. Josefo, *Ant. XX*, 158-159. Sobre el descontento que ocasionó esta medida, véase Josefo, *Vida*, 38.

sacerdotes más humildes. Existía una situación generalizada de desprestigio de la autoridad vigente y, progresivamente, se producían más conatos de cambio violento que implicaban la subversión del estado presente.

FESTO

Festo (60-62 d.C.), el sucesor de Félix, aunque no alcanzó el grado de corrupción de éste, se reveló como incapaz de normalizar la situación. Tanto el hecho de que Félix resultara impune de las fechorías cometidas durante su mandato[17], como el que el conflicto de Cesarea concluyera con un fallo favorable a los griegos merced a un soborno[18], sólo contribuyeron a exasperar más los ánimos de la población judía contra Roma.

Una vez más, la clase dirigente judía no se halló a la altura de las circunstancias y demostró su absoluta incapacidad para manejar una situación que se deterioraba progresivamente. Buena prueba de esto fue el conflicto entre Agripa II y las autoridades de Jerusalén, cuya solución tuvo que venir de manos del mismo Nerón[19]. Esa simbiosis –nacida en buena medida de la codicia y la incompetencia– que iba a ligar a la clase dirigente judía con Roma, explica, en gran parte, la aversión que los rebeldes del 66 d.C. mostrarán hacia ella.

Los datos de que disponemos acerca del judeocristianismo palestino durante esta época son muy fragmentarios y sólo nos permiten reconstruir algunos de los sucesos puntuales del período. Algunos autores, como S. G. F. Brandon[20], han tomado pie de tal circunstancia para abogar en favor de la identificación de la comunidad judeocristiana con las tendencias zelotes, identificación que

17. Josefo, *Ant. XX*, 182.
18. Josefo, *Ant. XX*, 183-184.
19. Josefo, *Ant. XX*, 189-196.
20. Especialmente en *The fall of Jerusalem and the Christian church*, Londres, 1951 y 1957; y *Jesus and the Zealots*, Manchester, 1967.

tendría su origen en el mismo Jesús. La tesis –poco original, ya que prácticamente se limita a repetir, eso sí, con menos brillantez, las teorías de R. Eisler[21]– ha sido rechazada en bloque por los especialistas, lo que no es extraño si tenemos en cuenta que no es posible hablar de zelotes antes de la revuelta del 66 d.C.[22]

Para empezar, es imposible que los judeocristianos, que creían que Jesús era el Mesías y que eran regidos por un hermano de éste, estuvieran dispuestos a aceptar las pretensiones mesiánicas de otros judíos. Como tendremos ocasión de ver al analizar el Documento Q, la enseñanza de Jesús rechazaba el empleo de cualquier forma de violencia (incluso defensiva) y lo mismo se evidencia en la carta de Santiago, «el hermano del Señor», escrita aproximadamente por esta época. En ese sentido, no deja de ser revelador que Josefo, como veremos más adelante, manifieste su simpatía por Santiago, a la vez que rechaza calurosamente las acciones de los zelotes, a los que califica comúnmente de bandidos, charlatanes y ladrones.

El judeocristianismo se configura así –y no es extraño si vemos los paralelos evangélicos y los datos de las fuentes lucanas, paulinas y rabínicas– como un movimiento espiritual piadoso y pacífico, que mostraba una especial preocupación por el cumplimiento riguroso de la ley, que dedicaba buen número de sus esfuerzos a paliar las penas de los más necesitados mediante la práctica de la beneficencia y la taumaturgia (especialmente la relacionada con la sanidad física), que se sentía como un foco de luz para una nación judía extraviada y que esperaba el retorno de Jesús como el Hijo del hombre glorificado en virtud del cual se instauraría un nuevo orden divino sobre la tierra.

El año 62 d.C. resultaría sombrío en la historia del movimiento. Aquel año, el procurador Festo falleció de manera repentina

21. Véase especialmente R. Eisler, *IESUS BASILEUS U BASILEUSAS*, I-II, Heidelberg, 1929-1930.

22. Un magnífico estudio monográfico sobre este tema en H. Guevara, *Ambiente político del pueblo judío en tiempos de Jesús*, *op. cit.* Una visión favorable a la existencia del zelotismo en la época de Jesús pero contraria, no obstante, a la de Brandon en M. Hengel, *Die Zeloten*, Leiden, 1961 y 1976.

estando todavía en el ejercicio de su función y el vacío de poder fue aprovechado por el sumo sacerdote Anano (Annas) para atacar de manera directa a los judeocristianos. Las razones no son difíciles de intuir. En buena medida, el judeocristianismo constituía una oposición difícil de abatir por medios indirectos. Por un lado, abominaba de las soluciones violentas, lo que dificultaba la posibilidad de calificarlos como «bandoleros» –la medida que se estaba tomando para acabar con los zelotes– y encomendar su eliminación física al ocupante romano. Por otro, y basta leer la carta de Santiago para percatarse de ello, sus ataques directos a una clase que, no en todo pero sí en parte, podía identificarse con el alto clero, contribuían a ver al movimiento como un claro enemigo al que debía eliminarse de la misma manera que se había hecho con su fundador e inspirador.

Anano convocó un concilio de jueces y ordenó comparecer ante el mismo a Santiago, el hermano de Jesús, llamado Mesías, y a algunos otros. En lo que podemos suponer que fue un simulacro de proceso, se les condenó a ser apedreados por haber quebrantado la ley[23]. Podemos suponer asimismo que el veredicto estaba dado de antemano. ¿Cuál fue la acusación concreta que se formuló contra Santiago y los demás judeocristianos que fueron ejecutados con él? A juzgar por los datos que nos proporciona Josefo en relación con el pesar que tales muertes ocasionaron en muchos judíos, resulta difícil creer que haya existido realmente un quebrantamiento de la ley por parte de Santiago y sus compañeros. Por otro lado, resulta inadmisible especular con la posibilidad de que Santiago y los demás fueran culpables –incluso acusados– de zelotismo. De haber sido ése el caso, Josefo nos hubiera transmitido una noticia menos favorable de los ejecutados y, por otra parte, los autores del simulacro de proceso no hubieran temido la llegada del procurador Albino como, efectivamente, sucedió. De hecho, Agripa II destituyó a Annas de su cargo[24] (había aplicado

23. Josefo, *Ant. XX*, 200.
24. Josefo, *Ant. XX*, 201-203.

Según la llamada «hipótesis de las Dos Fuentes», tanto Mateo como Lucas habrían utilizado, para desarrollar sus Evangelios, una forma primitiva existente ya en el de Marcos (visto aquí por Zurbarán). El resto de su material, mayoritariamente *Dichos*, lo habrían obtenido de una fuente común, el *Documento Q*, que puede ser calificado como *Evangelio de Dichos*.

Desconocemos con exactitud histórica la fecha del nacimiento de Jesús, aunque todo hace pensar que nació antes de la denominada era cristiana. Si aceptamos como cierto el que naciera cuando aún vivía Herodes el Grande (contemplando, en este cuadro de Fra Angélico, *La degollación de los inocentes*), podemos fijar como fecha hipotética del mismo alguna situada en torno al 5 o 6 a.C.

una pena de muerte cuando no tenía tal derecho legal), buscando de nuevo colocar a los judíos en una posición que no resultara opuesta a la de Roma.

La muerte de Santiago

El relato de la muerte de Santiago, consignado en Josefo, no aparece en la fuente lucana, lo que es, a nuestro juicio, una de las pruebas de que la misma fue redactada en su forma final antes del 62 d.C. Sin embargo, nos ha llegado asimismo a través de otras fuentes que lo confirman, como Clemente de Alejandría[25] y Hegesipo[26]. La desaparición de Santiago debió de ser un duro golpe para la comunidad judeocristiana de Jerusalén. El personaje no sólo había sabido manejar con brillantez problemas como el relacionado con la cuestión de la admisión de los gentiles en la comunión de la fe, sino que, además, había proporcionado una inspiración al movimiento, en armonía con las enseñanzas de Jesús, que se apartaba de la solución violenta de los zelotes sin caer tampoco en el colaboracionismo explotador del alto clero.

En momentos de especial crispación, había sabido mantener una visión pacífica y compasiva de la realidad que, de haber sido seguida en pleno por todo el pueblo judío (y muchos dentro del mismo abogaban por una similar), hubiera evitado el final de éste como nación y la destrucción de la ciudad santa y del Templo. Por ello, quizá pueda decirse que su desaparición se produjo tal vez en el momento más necesario, tanto para el pueblo judío en general como para el judeocristianismo en particular.

25. *Hypotyposes* VII; véase también Eusebio, *Hist. Ecles.* II, 1, 5.
26. En Eusebio, *Hist. Ecles.* II, 23, 8-18.

Capítulo V

El contexto histórico (V)

La guerra contra Roma[1]

El período de gobierno de los dos últimos procuradores romanos anteriores a la guerra de los judíos no constituyó sino un cúmulo de corruptelas y mala gestión política que abocaron al estallido del conflicto armado.

Aunque el mandato de Albino (62-64 d.C.) dio inicio con alguna señal de que se podría esperar justicia del mismo –pensemos en la manera como influyó sobre Herodes para que destituyera como sumo sacerdote a Annas, que había ejecutado a Santiago y a otros judeocristianos–[2], lo cierto es que pronto quedó de manifiesto que no sería así. Su primera medida al llegar a su destino fue iniciar una limpieza de zelotes *(sicarii)*[3] y, desde el principio, procuró estar en buenas relaciones con el sumo sacerdote.

No parece por ello que le importara la política de expoliación que los siervos de Annas practicaban con los sacerdotes pobres hasta el punto de reducirlos a un estado de hambre[4] y, de la misma manera, se dejó convencer por el sumo sacerdote para poner en libertad a algunos sicarios a cambio de que los compañeros de éstos liberaran al secretario del general (o capitán del Templo) Eleazar[5].

1. En cuanto a las fuentes, hemos seguido las consignadas a pie de página y, fundamentalmente, los libros II-VII de la *Guerra judía* de Josefo.

2. Josefo, *Ant. XX*, 197-203.

3. Josefo, *Ant. XX*, 204 y ss.

4. Josefo, *Ant. XX*, 206 y ss.

5. Eleazar es descrito en *Guerra II*, 409, como un joven que contribuyó al estallido del conflicto con Roma al convencer a los sacerdotes para que no realizaran los sacrificios en nombre del emperador y de la nación romana. Es dudoso que pueda identificársele con el Eleazar que fue sumo sacerdote con Grato; véase *Ant. XVIII*, 34.

La medida tendría como consecuencia la reactivación de las correrías de aquéllos por Judea.

La pérdida de popularidad de Agripa II con ocasión de sus actividades suntuarias en Beryto (Beirut[6]) y la formación de bandas de matones a su servicio realizada por el sumo sacerdote[7] no fueron sino dos muestras más de que los miembros de la clase dirigente judía desempeñaron una actitud tendente a crear un ambiente de desasosiego social durante aquellos conflictivos años. El mismo Josefo considera que tales acciones fueron el origen de una época de intranquilidad que sólo iría de mal en peor[8].

Para colmo de males, cuando Albino supo que Gesio Floro venía a sustituirlo decidió arbitrar una medida que, pensó, sería susceptible de aumentar su popularidad entre la población. Con tal fin, optó por decretar la puesta en libertad de multitud de presos comunes, lo que sólo contribuyó a infectar más el país de delincuentes[9].

A ello se unió la conclusión de las obras del Templo que proporcionaban sustento a más de dieciocho mil personas, según Josefo[10]. Con buen número de maleantes en libertad, con los zelotes reconstituidos, con un desempleo creciente y una clase alta torpe y corrompida, era previsible el trágico curso posterior de los acontecimientos.

Con todo, si hubiera que buscar un causante inmediato del estallido bélico del año 66 d.C., pocas dudas puede haber de que el mismo sería el procurador romano Gesio Floro (64-66 d.C.). El mismo Tácito reconoce que la paciencia de los judíos duró hasta que Gesio Floro ejerció su función como procurador[11]. Al parecer, el cargo lo había conseguido merced a los oficios de su esposa Cleopatra, que era amiga de la emperatriz Popea. Corrupto y rapaz, Albino saldría bien librado de la comparación con él. Ansioso de obtener ganan-

6. Josefo, *Ant. XX*, 211y ss.
7. Josefo, *Ant. XX*, 213 y ss.
8. Josefo, *Ant. XX*, 214.
9. Josefo, *Ant. XX*, 215.
10. Josefo, *Ant. XX*, 219 y ss.
11. Tácito, *Hist. V*, 10.

cias, estuvo dispuesto a permitir que los bandoleros continuaran sus correrías con tal de que se avinieran a repartir con él su botín[12]. La situación llegó a tal grado de tensión que bastó una chispa para que todo el pueblo se viera sometido al fuego de la revuelta.

De hecho, la guerra con Roma (66 d.C. a 73-74 d.C.) se inició con un acto no más grave que otros ya acaecidos con anterioridad (como, por ejemplo, el intento de Calígula de colocar su estatua en el Templo). Por desgracia, se produjo en un momento especialmente peligroso que hirió lacerantemente la sensibilidad religiosa de la población. No contento con las exacciones a que sometía a los particulares, Floro sustrajo del tesoro del Templo la cantidad de diecisiete talentos.

Fue entonces cuando algunos judíos, burlándose de la rapacidad del procurador, tuvieron la idea de pasar un cesto entre la multitud recogiendo un donativo presuntamente destinado a satisfacer la necesidad económica del romano. La respuesta inmediata de éste fue trasladarse con la tropa a Jerusalén y entregar parte de la ciudad a sus soldados para que la saquearan. El 16 de artemisión (iyyar, abril-mayo) del 66 d.C.[13], muchos de los habitantes de la ciudad –incluyendo algunos caballeros romanos de estirpe judía– fueron capturados, azotados y crucificados en medio de un torbellino represivo que ni siquiera las súplicas de la reina Berenice pudieron contener[14].

Cuando al día siguiente Floro pretendió que los jerosilimitanos brindaran una recepción a dos cohortes que volvían de Cesarea, sólo la presión de los sacerdotes pudo convencer a aquéllos para que se plegaran a los deseos del romano. En el curso del desfile, el pueblo –que vio cómo las tropas no respondían a sus saludos– comenzó a insultar a Floro, ocasión que dio pie para que los soldados arremetieran contra la multitud. Aquello era más de lo que se podía tolerar en aquel clima de tensión y los judíos respondieron

12. Josefo, *Guerra II*, 14, 2; *Ant. XX*, 11, 1.
13. Josefo, *Guerra II*, 15, 2.
14. Josefo, *Guerra II*, 14, 6-7.

apoderándose del monte del Templo y cortando las comunicaciones entre éste y la fortaleza Antonia. Floro comprendió lo apurado de su situación y optó por retirarse a Cesarea, dejando una sola legión en Jerusalén y responsabilizando a las autoridades judías de restablecer el orden[15].

Los intentos de Agripa –que regresó apresuradamente de Alejandría– por restaurar la paz se vieron frustrados cuando exigió que se obedeciera asimismo a Floro[16]. Mientras tanto, los rebeldes se habían apoderado de Masada y habían suspendido el sacrificio diario en nombre del emperador, a la vez que decidían no aceptar ningún sacrificio de los no judíos. La decisión implicaba, sustancialmente, un menosprecio tal que equivalía a una declaración de guerra contra Roma. Así lo entendieron los dirigentes judíos, tanto civiles como sacerdotales y fariseos, pero pese a todo, el pueblo se mostró resueltamente inconmovible[17].

El hecho de que los partidarios de la sumisión a Roma optaran entonces por el recurso a la violencia sólo facilitó a los rebeldes el ganar más posiciones en el seno de la ciudad. Quemaron los palacios del sumo sacerdote y de Agripa y Berenice[18] y, pocos días después, en el mes de ab (julio-agosto), se apoderaron de la fortaleza Antonia y pusieron sitio desde allí al palacio superior (el de Herodes). Las tropas de Herodes aceptaron el salvoconducto que le ofrecieron los rebeldes y los romanos se vieron confinados a las tres torres fortificadas del palacio, Hípico, Fasael y Mariamme. El 6 de gorpieo (elul: agosto-septiembre) ardía el resto del edificio y, al día siguiente, el sumo sacerdote Ananías fue capturado y asesinado[19]. Habiendo capitulado los romanos a cambio de la garantía de que sus vidas serían respetadas, fueron, sin embargo, asesinados hasta el último hombre[20].

15. Josefo, *Guerra II*, 15, 3-6.
16. Josefo, *Guerra II*, 16, 1-5.
17. Josefo, *Guerra II*, 17, 2-4.
18. Josefo, *Guerra II*, 17, 4-6.
19. Josefo, *Guerra II*, 17, 9.
20. Josefo, *Guerra II*, 17, 10.

La revuelta, originada en el rencor contra Roma provocado por los abusos de ésta, no quedó limitada, sin embargo, a Jerusalén. Ligada en ocasiones a brotes de antisemitismo, se extendió a otras ciudades y llegó hasta Alejandría[21].

El gobernador de Siria, Cestio Galo, optó finalmente por marchar contra Jerusalén con un ejército que formaba la XII legión, dos mil hombres más procedentes de otras legiones, seis cohortes y cuatro alas de caballería, así como un número considerable de tropas auxiliares proporcionadas por los reyes vasallos, sin excluir a Agripa. Habiendo acampado en Gabaón, a unos cincuenta estadios de Jerusalén, fue objeto de un ataque de los judíos de esta ciudad que no pudo impedir que avanzara hasta sentar sus reales en el monte Escopo[22].

El principio del ataque contra Jerusalén se desarrolló óptimamente para los romanos, que no encontraron resistencia en la toma del suburbio norteño de Bezeta[23]. Con todo, tras intentar tomar el monte del Templo, el comandante romano debió de llegar a la conclusión de que le resultaría imposible hacerlo y optó por retirarse.[24] Aquella decisión resultó fatal. No sólo se privó de una victoria que, seguramente, nadie le hubiera podido arrebatar, sino que, en su repliegue, fue atacado por los rebeldes, que convirtieron el mismo en un auténtico desastre en cuanto a bajas y pérdidas de material se refiere[25].

No es de extrañar que aquella cadena consecutiva de victorias silenciara, siquiera momentáneamente, a los partidarios de la paz que optaron, en buen número, por abandonar la ciudad, mientras el resto de la población aceptaba entusiasmado la idea de la revuelta[26]. En este período de la rebelión fueron incluso sacerdotes del alto clero y fariseos los que tomaron las riendas de la misma,

21. Josefo, *Guerra II*, 18, 1-8.
22. Josefo, *Guerra II*, 19, 2.
23. Josefo, *Guerra II*, 19, 4.
24. Josefo, *Guerra II*, 19, 5-7.
25. Josefo, *Guerra II*, 19, 5 y ss.
26. Josefo, *Guerra II*, 20, 1.

aunque no puede descartarse la posibilidad de que pretendieran evitar con ello que el conflicto se radicalizara como, efectivamente, acabó sucediendo. Una asamblea popular escogió los mandos provinciales y Judea fue dividida en once toparquías (la de Galilea le correspondió a Josefo) con vistas a la defensa y administración del territorio. Josefo, prescindiendo de su evolución personal posterior, simpatizaba en aquel entonces con la revuelta lo suficiente como para querer destruir el palacio de Tiberíades simplemente porque tenía ornamentos zoomorfos contrarios a la Torah[27], y como para entrenar un ejército rebelde de no menos de cien mil combatientes[28]. Pronto, Juan de Giscala, un convencido nacionalista, comenzaría a cuestionar su autoridad. Josefo, sin embargo, no estaba dispuesto a que la misma fuera limitada por nadie y se opuso a Juan frontalmente[29], pero la actitud del zelote tenía su lógica pues, muy posiblemente, partía de un sentimiento de sospecha –que luego se confirmaría– en relación con la lealtad de Josefo. Cuando este último pretendió quedarse con el botín arrebatado a un funcionario del rey Agripa –aunque, según Josefo, sólo pretendía devolvérselo posteriormente al rey– se produjo una insurrección que, en varias ocasiones, estuvo a punto de costarle la vida[30], pero que pudo contener, al igual que los intentos de Juan de Giscala, para que las autoridades de Jerusalén lo destituyeran y que dieron lugar a una revuelta en Tiberíades[31].

En la primavera del 67 d.C., los rebeldes –que, mientras tanto, habían atendido a la fortificación de Jerusalén[32]– iban a tener que hacer frente al impacto de la maquinaria de guerra más poderosa de la Antigüedad: la romana. Parece ser que Nerón se encontraba en Acaya cuando supo del revés experimentado por

27. Josefo, *Vida XII*.
28. Josefo, *Guerra II*, 20, 6, 8.
29. Josefo, *Guerra II*, 21, 1-2.
30. Josefo, *Guerra II*, 21, 3 y ss.
31. Josefo, *Guerra II*, 21, 8-10.
32. Josefo, *Guerra II*, 20, 1 y ss. y 22, 1 y ss.

Cestio[33]. Éste murió poco después[34] y el mando de la guerra fue encomendado a Vespasiano, quien comenzó a hacer los preparativos para la campaña, ya en el invierno.

El general romano se desplazó hasta Antioquía mientras enviaba a Tito, su hijo, a Alejandría para conducir la legión XV[35]. Inicialmente, el plan de Vespasiano era abandonar Antioquía y reunirse en Ptolemaida con su hijo a fin de que, unidas sus fuerzas, procedieran a sofocar la revuelta. La rendición –inesperada y a petición propia– de Séforis permitió al romano hacerse con una plaza de enorme importancia y adelantar en el curso de la campaña[36]. La llegada de Tito elevó el contingente militar a unos sesenta mil hombres[37].

La derrota experimentada por Josefo cerca de Garis[38] dejó, prácticamente, Galilea a merced de Vespasiano, que se limitó a conquistar las fortalezas restantes sin excesivo esfuerzo. El mismo Josefo se vio obligado a encerrarse en Jotapata en el mes de iyyar (abril-mayo) y a soportar un cerco romano que concluyó con la victoria de Vespasiano y la huida del general judío[39]. Josefo parece haber pensado, desde hacía tiempo, rendirse a los romanos, cosa que logró valiéndose de la astucia[40]. Una vez en manos de Vespasiano, consiguió un trato mejor al fingir estar provisto de dotes proféticas y predecir la subida al trono de su captor[41].

33. Josefo, *Guerra II*, 20, 1 y *III*, 1, 1.

34. Tácito, *Historias*, V, 10.

35. Josefo, *Guerra III*, 1, 2-3.

36. Josefo, *Guerra II*, 2, 4.

37. Las legiones V, X y XV completas, veintitrés cohortes auxiliares, seis alas de caballería y las tropas auxiliares de Agripa, Antíoco de Comagene, Soaemo de Emesa y Malco II de Nabatea (Josefo, *Guerra III*, 4, 2).

38. Josefo, *Vida LXXI*.

39. La fortaleza galilea cayó el 1 de panemo (tammuz: junio-julio); véase *Guerra III*, 7, 4-36.

40. Josefo, *Guerra III*, 8, 1-8.

41. Josefo, *Guerra III*, 8, 9; *Dión LXVI*, 1; Suetonio, *Vespasiano*, V. Zonnaras (*Anales XI*, 16) señala que Apiano, en su libro XXII de la Historia romana, también mencionaba el hecho.

El hecho cuenta con paralelos en la literatura rabínica (referido esta vez al rabino Yohanan ben Zakkay[42]) y en los sacerdotes paganos[43].

A comienzos del mes de gorpieo (elul: agosto-septiembre), tras la caída de Tiberíades[44] y Tariquea[45], sólo Giscala, el monte Tabor, y en la Gaulanítide, Gamala, continuaban en manos de los rebeldes[46]. El Tabor no tardó en caer[47] y el 23 de hiperbereteo (tisrí: septiembre-octubre) los romanos se apoderaron de Gamala[48]. Tito tomaría sin apenas dificultad una Giscala que le abrió voluntariamente las puertas al segundo día de asedio. La noche anterior, Juan y sus seguidores zelotes habían huido a Jerusalén[49]. A finales del año 67 d.C., pues, todo el norte de Palestina estaba en manos romanas.

El primer año de guerra –ya suficientemente desastroso para los judíos– iba, no obstante, a concluir todavía de peor manera. Los nacionalistas achacaron las derrotas a la mala dirección del conflicto e intentaron deponer a los antiguos jefes. La negativa de éstos a abandonar sus puestos provocó el estallido de una guerra civil en Jerusalén durante el invierno del 67-68 d.C. Juan de Giscala, apoyado fundamentalmente en el sector joven de la población y en los huidos refugiados en Jerusalén, consiguió controlar la situación en favor de los zelotes[50].

Tal triunfo tuvo como resultado el asesinato de buen número de notables[51] y la elección por sorteo de un nuevo sacerdote de origen popular (un tal Fanías, o Fani, Fanaso o Pinjás)[52]. El intento

42. J. Neusner, *A life of Yohanan ben Zakkai*, Brill, 1970, pp. 156-166.
43. Tácito, *Hist. II*, 4; *II*, 78; Suetonio, *Vespasiano*; *idem*, *Tito V*.
44. Josefo, *Guerra III*, 9, 7-8.
45. Josefo, *Guerra III*, 10, 1-5.
46. Josefo, *Guerra IV*, 1, 1.
47. Josefo, *Guerra IV*, 1, 8.
48. Josefo, *Guerra IV*, 1, 2-10.
49. Josefo, *Guerra IV*, 2, 2-5.
50. Josefo, *Guerra IV*, 3, 1-3.
51. Josefo, *Guerra IV*, 3, 4-5.
52. Josefo, *Guerra IV*, 3, 6-8.

de las autoridades de levantar al pueblo contra los zelotes concluyó en un lamentable fracaso[53].

Por si la situación no fuera ya suficientemente caótica, la llegada de los idumeos a Jerusalén, a instancias del partido zelote, radicalizó más un régimen de terror revolucionario que dejaba patente el hecho de que la sublevación nacional había pasado a convertirse en guerra de clases[54]. Todos los dirigentes opuestos a los zelotes fueron acusados de connivencia con Roma y no los salvó de la muerte ni el hecho de ser sumos sacerdotes (como fue el caso de Anás y Jesús) ni el verse absueltos en un juicio (como aconteció con Zacarías ben Baruc). Los zelotes se habían situado por encima de cualquier principio de legalidad e impusieron su voluntad a sangre y fuego. De hecho, el clima de intimidación creado por los mismos fue tal que ni siquiera la marcha de los idumeos[55] impidió que Juan de Giscala siguiera ostentando un poder absoluto dentro de la ciudad[56].

Los generales de Vespasiano pensaron que aquel proceso de lucha interna era el adecuado para atacar la ciudad, pero su jefe difería de este punto de vista. En su opinión, era mucho más inteligente dejar que Jerusalén siguiera corroyéndose internamente hasta llegar a la autodestrucción, y decidió, por tanto, encaminar sus futuras operaciones militares contra Perea. A mediados del 68 d.C., y tras una serie de acciones, no sólo Perea[57], sino también Antípatris, Lidia, Jamnia, Siquem y Jericó estaban controladas por los romanos. Además, se habían realizado distintas incursiones por Idumea. El territorio había sido suficientemente pacificado como para atacar ya directamente Jerusalén.

Fue entonces cuando sucedió algo inesperado que añadió un factor de indecisión a la guerra. Nerón había muerto el 9 de junio del 68 d.C., y en aquellos momentos llegó la noticia hasta Vespa-

53. Josefo, *Guerra IV*, 3 y ss.
54. Josefo, *Guerra IV*, 5, 1 y ss.
55. Josefo, *Guerra IV*, 5, 5.
56. Josefo, *Guerra IV*, 6, 1.
57. Josefo, *Guerra IV*, 7, 4-6.

siano. Éste consideró más prudente detener la campaña y cuando supo, en el invierno del 68-69, que Galba era emperador, envió a su hijo Tito a Roma para rendirle homenaje y recibir órdenes. Al llegar Tito a Corinto supo del asesinato de Galba (15 de enero del 69 d.C.) y decidió regresar junto a su padre.

Quizá Vespasiano hubiera deseado seguir con su prudente compás de espera, pero la aparición en Galilea de una banda de zelotes capitaneada por un tal Simón Bar Giora se lo impidió[58]. Tras un año de calma, Vespasiano salió de Cesarea el 5 de daisio (siván: mayo-junio) del 69 d.C., sometió Gofna y Acrabata, así como las ciudades de Betel y Efraim, y se dirigió a Jerusalén. Con la excepción de esta ciudad –el tribuno Cereal había conquistado mientras tanto la rebelde Hebrón–, sólo Herodio, Masada y Maqueronte constituían aún bastiones de la revuelta contra el dominio romano.

Muy poco antes, en el mes de jántico (nisán: marzo-abril), Simón Bar Giora había hecho su entrada en Jerusalén a propuesta del sumo sacerdote Matías. Eran muchos los que esperaban que el guerrillero los libraría del gobierno de Juan, pero pronto tendrían ocasión de comprobar que los dos tenían enemigos comunes que seguían siendo objeto de sus ataques combinados[59].

Mientras tanto, se había producido un nuevo cambio en lo relativo a la persona que ocupaba el trono imperial. Vitelio era ahora el nuevo emperador. Sin embargo, las legiones de Egipto, Judea y Siria llegaron a la conclusión de que ellas también podían nombrar un emperador más digno que el actual. Las fuentes no coinciden a la hora de señalar de qué legiones partió la idea. Mientras Tácito y Suetonio[60] indican que las legiones egipcias fueron las primeras en proclamar emperador a Vespasiano, Josefo afirma que fueron las propias legiones de éste las que lo aclamaron como tal[61].

58. Josefo, *Guerra IV*, 9, 3-8.
59. Josefo, *Guerra IV*, 9, 11-12.
60. Tácito, *Hist. II*, 79-91; *Vespasiano* VI.
61. Josefo, *Guerra IV*, 10, 2-6.

Tampoco hay coincidencia sobre el momento exacto en que tuvo lugar el hecho. Tácito indica *«quintum Nonas Iulias»* y Suetonio *«Idus Iul»*. Entre los primeros beneficiados de aquella proclamación se encontró Josefo, que recibió la libertad de Vespasiano en señal de gratitud por su profecía[62].

Vespasiano se puso en camino hacia Antioquía, desde donde envió un ejército mandado por Marciano, por vía terrestre, en dirección a Roma[63]. A continuación se dirigió a Alejandría, donde supo del triunfo de su causa en Roma y del asesinato de Vitelio (20 de diciembre del 69 d.C.). Pese a todo, permaneció en Alejandría hasta inicios del verano del 70 d.C., y no llegó a Roma hasta la segunda mitad del mismo año[64].

Mientras tanto, Tito regresaba a Judea al frente de un ejército[65]. Iba a atacar Jerusalén en un momento óptimo, porque la situación en el interior de la ciudad era desastrosa. Eleazar, hijo de Simón, se había apartado del grupo de Juan, y ahora eran tres los partidos que se dividían el control de la ciudad de Jerusalén. Simón dominaba la ciudad alta y buena parte de la baja; Juan controlaba el monte del Templo y Eleazar el atrio interior del mismo. Presos de la inconsciencia y el odio mutuo, los diferentes bandos habían procedido a destruir los almacenes de grano de la ciudad para impedir que cayeran en manos de sus adversarios[66]. Pensaron con ello hacer daño a los judíos que se les enfrentaban, pero en realidad sólo se debilitaban todos en vísperas del último episodio de la guerra. Cuando el general romano llegó ante Jerusalén unos días antes de la Pascua del 70 d.C.[67], ante sí se alzaba una ciudad desangrada por las contiendas internas, carente de mando unificado y susceptible de ser rendida por hambre.

62. Josefo, *Guerra IV*, 10, 7.
63. Josefo, *Guerra IV*, 10, 6.
64. Tácito atribuye el motivo de la demora a la espera de que hubiera vientos veraniegos que garantizaran la bonanza del viaje; *Hist. IV*, 81.
65. Josefo, *Guerra IV*, 11, 5.
66. Josefo, *Guerra V*, 1, 1-5; Tácito, *Hist. V*, 12. La noticia ha sido transmitida también en la literatura rabínica; véase bGit. 56a; Eccl. R. 7, 11.
67. Josefo, *Guerra V*, 3, 1.

Con todo, sería erróneo pretender que los judíos habían perdido su deseo de resistir. Tito estuvo a punto de perecer en una misión de reconocimiento[68] y la legión X, ocupada en fortificarse en el monte de los Olivos, quedó prácticamente destrozada a causa de un ataque de los zelotes[69]. Por otro lado, un audaz golpe de mano por parte de Juan de Giscala le permitió tomar el atrio del Templo en manos de Eleazar, con lo que la ciudad volvió a quedar dividida entre aquél y Simón[70].

La situación militar de Jerusalén se dibujaba ahora de la siguiente manera: la ciudad estaba asentada sobre dos montes a oriente (el más bajo) y a occidente (el más alto). Al norte del segundo –llamado Acra por el emplazamiento antiguo de la fortaleza de Antíoco Epífanes– se hallaba el Templo, rodeado por una muralla. Entre ambos se hundía el barranco –que corría de norte a sur– conocido como Tiropeón. Las dos partes de la ciudad tenían en torno suyo una muralla que partía del lado oeste de la muralla del Templo, seguía hacia occidente rodeando las dos partes de la ciudad y concluía en el sureste del Templo. Aparte de eso, la ciudad alta estaba separada de la baja por una muralla interior, de norte a sur, a lo largo del Tiropeón. Tanto a occidente como al sur y a oriente, había precipicios de consideración que ayudaban en su labor de defensa a la muralla exterior.

En el lado norte, que carecía de esa ayuda proporcionada por el terreno, había una segunda muralla y, más hacia el norte todavía, una tercera muralla, comenzada por Agripa I y concluida durante la revuelta contra Roma. En su interior se hallaba la Ciudad Nueva o suburbio de Bezeta. Como era de espear, Tito lanzó su ofensiva contra el lado norte.

El ataque de los arietes en tres lugares distintos tuvo como consecuencia inmediata la unión de las fuerzas zelotes, que parecieron comprender al fin quién era el verdadero enemigo. De hecho, en

68. Josefo, *Guerra V*, 2, 1-2.
69. Josefo, *Guerra V*, 2, 4-6.
70. Josefo, *Guerra V*, 3, 1.

uno de sus ataques a duras penas lograron los romanos salvar su maquinaria de guerra[71]. Tras un par de semanas de continuo ataque, los romanos lograron entrar por una brecha en la muralla abierta por uno de los arietes. El 7 de artemisión (iyyar: abril-mayo) controlaban todo el primer recinto amurallado y, nueve días después, el segundo[72]. El siguiente paso fue la construcción de cuatro plataformas dirigidas contra la ciudad alta (dos) y contra la fortaleza Antonia, que se hallaba cerca del Templo (dos). La primera era defendida por Simón Bar Giora y la segunda por Juan de Giscala.

El rechazo de la rendición –ofrecida a través de Josefo– por parte de los judíos[73] llevó a los romanos a endurecer el asedio, y todo el que huyendo de la ciudad caía en sus manos era o crucificado a la vista de los habitantes de Jerusalén o devuelto a la ciudad con los miembros mutilados[74]. Dado que la comida era ya muy escasa y que los pobres habían tenido que salir a buscar alimentos fuera de la ciudad, los romanos no carecieron de víctimas con las que intentar intimidar a los asediados.

El 29 de artemisión quedaron concluidas las cuatro plataformas. Dos días después –en el caso de Juan gracias a un túnel al que se prendió fuego, en el de Simón utilizando un comando suicida que también incendió las plataformas– no quedaba ninguna de ellas en pie.

La respuesta de Tito fue recurrir al hambre como manera de rendir la ciudad. Rodeó Jerusalén con un muro de piedra –¡levantado en tan sólo tres días!– y apostó guardianes destinados a impedir las fugas[75].

La descripción que Josefo nos ha dejado en relación con los horrores del sitio es auténticamente espeluznante. Los judíos se vieron obligados a tomar medidas de emergencia, como denota el

71. Josefo, *Guerra V*, 6, 2-5.
72. Josefo, *Guerra V*, 7 y ss.
73. Josefo, *Guerra V*, 9, 3 y ss.
74. Josefo, *Guerra V*, 10, 2-5.
75. Josefo, *Guerra V*, 12, 1-32.

hecho de que Juan de Giscala tuviera que recurrir al aceite y al vino sagrados[76]. Simultáneamente, Tito volvió a ordenar la construcción de otras cuatro plataformas que irían dirigidas exclusivamente contra la fortaleza Antonia. El 5 de panemo los romanos reducían ésta a cenizas sin que los esfuerzos de Juan de Giscala hubieran podido hacer nada efectivo por impedirlo[77].

El hecho de que el 17 de panemo hubiera que suspender los sacrificios en el Templo por la mañana y por la tarde, que se habían venido celebrando hasta entonces, pudo significar a los ojos de los asediadores la certeza de haber asestado un golpe a la moral de los zelotes. De hecho, así lo han transmitido las fuentes rabínicas[78].

Una vez más, Josefo volvió a ser utilizado para ofrecerles la rendición. El fracaso de tal gestión, así como lo infructuoso de un ataque nocturno de los romanos a la zona del Templo[79], decidió a Tito a emprender un ataque más elaborado contra la misma.

El Templo de Jerusalén tenía una forma oblonga rodeada por murallas, con columnatas en su interior. En caso de que los rebeldes perdieran el control sobre las murallas externas, siempre tenían la posibilidad de replegarse hacia el patio interior que, asimismo, se hallaba circundado de murallas.

Para hacerse con el control de las murallas exteriores, Tito hizo construir cuatro plataformas ascendentes[80] que, terminadas el 8 de lous (ab: julio-agosto), permitieron pasar a una fase de asedio formal. El hecho de que las máquinas no pudieran derribar las murallas llevó a Tito a incendiar las puertas para así lograr el acceso al atrio exterior del Templo[81]. Con todo, existe la posibilidad de que el fuego fuera incluso ocasionado inicialmente por los judíos para

76. Josefo, *Guerra V*, 13, 6.
77. Josefo, *Guerra VI*, 1, 1 y ss.
78. Taa. 4, 6, presenta el cese del sacrificio perpetuo como uno de los cinco desastres acontecidos el 17 de tammuz.
79. Josefo, *Guerra VI*, 2, 1 y ss.
80. Josefo, *Guerra VI*, 2, 1 y ss.
81. Josefo, *Guerra VI*, 4, 1-2.

impedir el avance romano[82] y que Tito lo aprovechase para sus propósitos. El 9 de ab, un consejo del estado mayor romano decidió salvar el Templo[83].

El 10 de ab[84], los judíos lanzaron dos ataques desde el atrio interior y, en el acto de rechazar el segundo, un soldado romano lanzó un tizón al interior de la cámara del Templo[85]. Según Josefo, Tito intentó salvar primero todo el recinto y, a medida que veía cómo las órdenes que daba al respecto eran desatendidas, procuró preservar, al menos, la parte interior. Todo fue inútil porque los soldados no sólo no acudieron a sofocar el fuego sino que, además, siguieron lanzando antorchas sobre el lugar. Tito apenas tuvo tiempo de contemplar su interior antes de que se desplomara bajo las llamas[86].

No todas las fuentes antiguas coinciden con Josefo en el relato exculpatorio que éste hace en relación con Tito. Sulpicio Severo[87] indica que Tito destruyó voluntariamente el Templo, aunque las razones que aduce, y que incluyen el odio a los cristianos, son dudosamente verosímiles. Con él coincide Orosio[88] e indirectamente Dión[89], al menos en cuanto a la responsabilidad de haber decidido el arrasamiento del Templo. Posiblemente, la verdad se haya encontrado en un término medio. El Templo era un objetivo militar y, en ese sentido, era presumible –y legítimo– que resultara dañado, pero iniciado el incendio, quizá Tito intentó infructuosamente que se extinguiera.

82. Josefo, *Dión LXVI*, 6, 1.

83. Josefo, *Guerra VI*, 4, 3.

84. Las fuentes rabínicas difieren de Josefo en la datación de la toma del Templo. Taa. 4, 6, fija el día de la destrucción el 9 de ab y bTaa. 29a la retrocede incluso al 8 de ab, quizá por hacerla coincidir con el momento en que Tito quemó las puertas.

85. Josefo, *Guerra VI*, 4, 4-5.

86. Josefo, *Guerra VI*, 4, 6-7.

87. *Crón. II*, 30, 6-7. Sobre el mismo véase H. W. Montefiore, «Sulpicius Severus and Titus' Council of War», en *Historia*, 11, 1962, pp. 156 y ss.

88. *VII*, 9, 5-6.

89. *LXVI*, 6, 1-3.

La entrada de las tropas romanas en la ciudad estuvo señalada por la brutalidad. A filo de sus espadas cayeron, de forma indiscriminada, ancianos, mujeres, niños y todo tipo de población civil. Mientras, quizá aprovechando la confusión, Juan de Giscala y sus seguidores consiguieron escapar hasta la ciudad alta. Enfervorizadas, las legiones levantaron sus estandartes en el atrio exterior y proclamaron como *imperator* a su general, lo que parece confirmar las sospechas que circulaban en el sentido de acusar a Tito de desear apartarse de su padre y proclamarse emperador de Oriente[90].

El hecho, sin embargo, de que siguiera existiendo un bastión rebelde en la zona alta significaba que la ciudad no había sido aún rendida. Tito conminó a los zelotes a capitular, pero Juan y Simón pidieron a cambio que se les dejara marchar en paz, lo que les fue denegado[91]. Por orden de Tito, y mientras la ciudad alta era objeto de las represalias zelotes, la zona de Jerusalén que había caído en manos de los romanos fue incendiada: Oflas, los archivos, la cámara del consejo y la ciudad baja hasta Siloé.

Además, se inició la construcción de nuevas plataformas destinadas a rendir a los últimos resistentes. Éstas se alzaron en la zona noroeste de la ciudad alta, cerca del palacio de Herodes, y en la noroeste, al lado del enclave conocido como Xisto. Comenzadas el 20 de lous (ab: julio-agosto), estaban terminadas para el 7 de gorpieo (elul: agosto-septiembre). Una vez abierta brecha en los muros del enclave rebelde, sus pobladores apenas pudieron oponer una resistencia efectiva[92] y el día 8 de gorpieo toda la ciudad se hallaba en poder de los romanos[93].

Los habitantes que no habían caído ya por el hambre o a espada fueron ejecutados, deportados para trabajar en las minas o destinados a los combates de gladiadores. Los varones de mejor as-

90. Josefo, *Guerra VI*, 6, 1 y ss.; *Dión LXVI*, 7, 2; *Orosio, VII*, 9, 6; Suetonio, *Tito V*.

91. Josefo, *Guerra VI*, 6, 2-3.

92. Josefo, *Guerra VI*, 6, 3.

93. Josefo, *Guerra VI*, 8, 5.

Poncio Pilato (que en este sarcófago romano del 400 se lava las manos) es el gobernador romano que más nos interesa en este período, tanto por la dureza de que hizo gala contra los judíos como por ser él quien pronunció la sentencia de muerte por crucifixión contra Jesús.

El otoño del 38 d.C. y durante el reinado de Calígula *(izquierda)*, los judíos se rebelaron contra su intento de que se le levantara una estatua en el Templo de Jerusalén. Las relaciones con Roma mejorarían en tiempos de su sucesor Claudio *(derecha)*, quien traspasó sus poderes a Herodes Agripa. Bien considerado por el judaísmo, Agripa no dudó en ajusticiar a Santiago y encarcelar al apóstol Pedro, por lo que fue mal visto por los judeocristianos.

pecto fueron seleccionados para desfilar en el triunfo. Tal fue el caso de Simón Bar Giora, apresado poco después. Juan de Giscala, que pidió clemencia del vencedor, conservó la vida, pero fue condenado a reclusión perpetua. De la ciudad que tan valiente y tenazmente se había resistido al invasor sólo quedaron en pie una parte de la muralla, destinada a dar cobijo a una guarnición romana, y las torres de Hípico, Fasael y Mariamme. Los vencedores celebraron el triunfo con premios al valor de la tropa, un sacrificio de acción de gracias y un banquete[94].

Aunque todavía quedaban por tomar algunos enclaves zelotes, Roma había deshecho a Judá como nación, siquiera formalmente independiente, y la había privado de todo el valor espiritual y simbólico que representaba el Templo de Jerusalén. En el año 73 d.C., la guarnición judía de Masada, cerca del mar Muerto, se suicidaría en masa antes de rendirse a los romanos. Con aquel acto daba comienzo un período de tiempo que sólo concluiría en 1948 con la fundación del Estado de Israel.

Los datos de que disponemos en relación con la comunidad judeocristiana de Jerusalén durante este período que va desde la muerte de Santiago en el 62 d.C. hasta la destrucción de Jerusalén y la toma del Templo en el año 70 d.C., son muy fragmentarios. Sabemos que como sucesor de Santiago la comunidad judeocristiana de Jerusalén optó por elegir a otro miembro de la familia de Jesús, Simeón o Simón, el hijo de Cleofás, muy posiblemente un tío de Jesús. La noticia nos ha sido transmitida por Eusebio que, a su vez, se inspira seguramente en Hegesipo[95].

Con todo, el hecho más importante de este período en relación con los judeocristianos de Jerusalén fue, sin lugar a dudas, el que pudieran sobrevivir como colectivo en virtud de su huida hacia

94. Josefo, *Guerra VI*, 1, 1-3.

95. Eusebio, *Hist. Ecles.* III, II. Eusebio cita a Hegesipo para afirmar que Cleofás era hermano de José, el esposo de María. El peso que la familia de Jesús tenía en el movimiento es mencionado asimismo por Julio Africano, del que también cita Eusebio, *Hist. Ecles.* I, 7. 14.

Pella, en la Decápolis[96]. Según Eusebio[97], en algún momento situado entre la muerte de Santiago en el 62 d.C. y el estallido de la rebelión judía en el 66 d.C., la comunidad judeocristiana de Jerusalén recibió un oráculo en el que se le indicaba que debía abandonar la ciudad y establecerse en Pella, una de las ciudades de la Decápolis, al este del Jordán. Hemos estudiado ya con anterioridad ese tema estableciendo la veracidad de la noticia, y a él remitimos a nuestros lectores[98]. Pero podemos señalar que no existen objeciones definitivas que invaliden la tradición de la huida hacia Pella por parte de los judeocristianos de Jerusalén. Por el contrario, aceptar la veracidad de la misma no sólo encaja con lo referido en las fuentes sino que además explicaría la supervivencia de una comunidad judeocristiana en Jerusalén tras la destrucción de la ciudad, la conservación de sus lugares sagrados atestiguada arqueológicamente y el origen de la noticia desde muy antiguo.

El hecho en sí vendría a poner de manifiesto, además, una prudencia política que, en términos generales, caracterizó al judeocristiano. Ante la disyuntiva de ser eliminados por los zelotes, cuyos postulados violentos no compartían, o de ser presa posible de los ejércitos romanos, los judeocristianos de Jerusalén marcharon a un lugar relativamente aislado desde el que esperar el desenlace de un conflicto cuyo fin, muy posiblemente, intuyeron.

En cuanto al momento en que tuvo lugar la huida, Emil Schü-

96. Estudios al respecto en B. C. Gray, *Journal of Ecclesiastical History*, 24, 1973, pp. 1-7; J. J. Gunther, *TZ*, 29, 1973, pp. 81-94; M. Simon, *Revue de Science Religieuse*, 60, 1972, pp. 37-54; S. Sowers, *TZ*, 26, 1970, pp. 305-320; B. Bagatti, *Revista de Cultura bíblica*, 9, 1972, pp. 170-179; G. Lüdemann, en E. P. Sanders (ed.), *Jewish and Christian Self-definition*, Filadelfia, 1980, pp. 161-173; y, muy especialmente, R. A. Pritz, *Nazarene Jewish Christianity*, Jerusalén-Leiden, 1988; *idem*, *The Flight of the Jerusalem Church to Pella of the Decapolis* (tesis doctoral sin publicar, defendida en 1977 ante la Universidad Hebrea de Jerusalén) y F. Manns, «L'histoire du judeo-christianisme», en *Tantur Papers on Christianity in the Holy Land*, Jerusalén, 1981, pp. 131-146.

97. *Hist. Ecles.* III, 5. 3.

98. C. Vidal, *El judeocristiano palestino en el siglo I: de Pentecostés a Jamnia*, Madrid, Trotta, 1995.

rer[99] señaló que la misma debió de tener lugar en el momento posterior a la marcha de los idumeos aliados con los zelotes, cuando Juan de Giscala era el amo absoluto de la ciudad, o quizá poco antes. Dado el silencio de las fuentes, la opción es absolutamente posible. No obstante, desde nuestro punto de vista, un momento más verosímil hubiera sido tras la inmediata retirada de Cestio Galo. Haber actuado entonces hubiera encontrado escasas dificultades, puesto que todavía las posturas no habían llegado a su grado máximo de radicalismo y la salida de la ciudad se presentaba expedita en el clima de victoria que sucedió al desastre romano. Por otro lado, un análisis medianamente realista del momento –cosa relativamente fácil para los judeocristianos, ya que no se hallaban implicados en el conflicto– habría dejado de manifiesto que Roma volvería a enviar tropas que ya no se retirarían hasta haber obtenido la victoria.

99. E. Schürer, *Historia del pueblo judío en tiempos de Jesús*, I, Madrid, Cristiandad, 1985, p. 636.

Capítulo VI

El contexto histórico (VI)

De la destrucción del Templo (70 d.C.) al concilio de Jamnia (*c.* 80-90 d.C.)

Apenas puede exagerarse el efecto traumático que la toma de Jerusalén tuvo sobre los judíos de la época. Con ella tuvieron lugar a la vez la destrucción del Templo, la desaparición del Sanhedrín y la interrupción del sistema sacrificial judío. Desaparecido el único lugar donde se podían ofrecer sacrificios al Altísimo, aniquilado el centro unificador de la fe, sobre todo en lo que a las relaciones entre las distintas facciones del judaísmo se refiere, Israel yacía en una situación de absoluta postración.

Fuentes como los escritos de Josefo, II Baruc o IV Esdras[1] han dejado constancia de lo que fue aquella terrible catástrofe, y no menos desolador es el panorama recogido en las fuentes tanaíticas incluidas en el Talmud.

En términos generales, no parece que la nación pudiera volver los ojos hacia muchas alternativas que les permitiesen interpretar la catástrofe y sobrevivir espiritualmente. Los saduceos, desaparecido el Templo y diezmados durante la guerra, no contaban con muchas posibilidades de recuperar el peso espiritual que habían disfrutado antes del conflicto con Roma. Los sectarios de Qumran

1. Véase II Baruc 1-9 (representado, no obstante, como una referencia a la destrucción de la ciudad por Nabucodonosor) y IV Esdras 10, 19-23. Un estudio sobre el tema en J. Neusner, «Judaism in a time of Crisis: Four Responses to the Destruction of the Second Temple», *Judaism*, 21, 1972, pp. 313-327. Véase también P. Prigent, *La fin de Jérusalem*, Neuchâtel, 1969, y L. Gry, «La ruine du Temple par Titus», *RB*, 1948, pp. 215-226. Según este último autor, el Midrash Pesiqta Rabbati 26 contendría una tradición antigua relativa a la destrucción del Templo.

se hallaban en una situación aún peor. Sus monasterios habían desaparecido en el curso del conflicto y puede que, ya durante el mismo, algunos hubieran hecho causa común con los derrotados zelotes.

Éstos, que aún resistían en enclaves aislados como Masada, mantenían una carrera contra reloj en la que el final, muy próximo cronológicamente, implicaría su desaparición como alternativa espiritual. Por otro lado, y salvo en lo que se refiere a su recurso a la violencia armada, como ya indicamos, no parece que contaran con una teología mínimamente articulada susceptible de ser recibida por la nación.

Sólo los fariseos y los judeocristianos, aun estando ambos en una situación duramente afectada por la guerra, tenían la posibilidad de ofrecer al pueblo una respuesta espiritual a la situación de postración, en todos los órdenes, emanada del conflicto con Roma. Pero casi por definición, ambos colectivos tendían al exclusivismo y no parecía fácil que pudieran convivir armónicamente en el seno del judaísmo.

Los sabios de los fariseos reunidos en Jamnia procedieron entonces a una auténtica reconstrucción de la vida espiritual de la nación. A ellos se debe el restablecimiento del Sanhedrín, la utilización de la institución del Nasi, la fijación de una jurisprudencia específica y del canon del Antiguo Testamento, y un largo etcétera. Con ello, procedieron a uniformizar el judaísmo de acuerdo a su ideología y esto implicó el final de la influencia de todos aquellos que no comulgaran con sus puntos de vista concretos.

Tal proceso de exclusión comenzó con el mismo Yohanan ben Zakkay. Éste marchó a Jamnia, merced a la clemencia del invasor romano, y allí se dispuso a reconstruir el judaísmo sobre sus propias bases ideológicas. En primer lugar, abogó prudentemente por la creación de un clima de paz que permitiera recrear, por supuesto siguiendo sus propias directrices, lo aniquilado por el conflicto[2]. Es lógico por eso que aconsejara a sus seguidores mantener

2. Mekilta de R. Ismael, Éxodo 20, 25.

una actitud de astucia hacia el ocupante[3]. Es muy posible, tal y como señalan las fuentes, que el rabino Yohanan hubiera previsto el desastroso final que tendría la guerra[4] y por eso ahora se centró en reunir a los dispersos[5].

Tal movimiento de restauración no estuvo dotado de la suficiente generosidad como para comprender a todos los segmentos de la nación. El judaísmo emanado de las enseñanzas del rabino Yohanan tomaba como base una interpretación propia[6] que descalificaba totalmente a los que no la compartían. Así sucedía, por ejemplo, con los saduceos, y por ello no debería extrañarnos que se produjera resistencia por parte de éstos a aceptar la visión específica del fariseísmo del rabinoYohanan[7].

Los sacerdotes decidieron no seguirlo a Jamnia y se establecieron de manera independiente en Jifna[8]. Dado que se esperaba la reconstrucción del Templo para un futuro próximo[9], la clase sacerdotal no estaba dispuesta a subordinarse a una visión espiritual que buscaba la hegemonía religiosa y procedía incluso a reorganizar las fiestas judías de peregrinación en torno a Jamnia[10]. De hecho, haber procedido de esa manera hubiera equivalido a su suicidio como poder espiritual en Israel.

Pero el exclusivismo que se vinculó a la labor de reconstrucción encabezada por Yohanan ben Zakkay no sólo enajenó a los saduceos la posibilidad de intervenir en ella (salvo que hubieran optado por una inaceptable posición subordinada), sino que privó de la

3. Abot de R. *Nathan* B, 31.
4. Sifré, Deuteronomio 31, 23.
5. Abot de R. *Nathan* A, 4.
6. La expresión «Desde la destrucción del Templo el rabino Yohanan ben Zakkay instituyó» aparece repetidas veces en la Mishnah; véase Suk 3, 13; Men 10, 5; Eduyot 8, 3.
7. Sheq 1, 4; Ket 13, 1-2; Eduyot 8, 3; Yadaim 4, 6; Men 65b. Los mencionados pasajes son estudiados a fondo en J. Le Moyne, *Les Sadducéens*, París, 1972. Veáse también G. Alon, *Historia...*, pp. 318-323 y 328-343.
8. Ber 44a; Josefo, *Guerra VI,* 2, 2.
9. Tosefta Rosh Hashana 4, 9
10. Mishnah Rosh Hashana 4, 1-4.

misma incluso a aquellos fariseos que estaban provistos de un enfoque distinto. Buen ejemplo de esto fue el rabino Eliezer ben Hyrcanos, antiguo discípulo de Yohanan ben Zakkay[11], a cuya excomunión se acabó procediendo[12].

El proceso de uniformización, lógicamente, ha sido objeto de lecturas diversas. Para los autores judíos que, a fin de cuentas, proceden de una tradición religiosa surgida de Jamnia y cuyo máximo monumento es la redacción de la Mishnah, primero, y de los dos Talmudim, después, el mismo sólo puede ser contemplado de manera positiva. En algunos casos, se ha pretendido que los sabios de Jamnia estaban realizando una labor de poda que sólo contribuiría a sanear la planta de la nación[13]. En otros, se ha puesto énfasis en los aspectos positivos, por otro lado innegables, de la obra de Jamnia, pero obviando de manera total y absoluta sus repercusiones negativas[14], aun reconociendo que los sabios rompían totalmente con el judaísmo anterior al colocar sobre los hombros del pueblo cargas rituales que estaban limitadas al estamento sacerdotal[15].

Desde luego, resulta dudoso que esa visión fundamentalmente optimista de los sabios fuera compartida en su momento por aquellos sectores del pueblo judío (saduceos, judeocristianos, etc.) que se veían, en virtud de la misma, desarraigados sin remedio de un terreno espiritual que amaban y del que formaban parte.

Igual que el fariseísmo triunfante en Jamnia había eliminado de la vida espiritual de la nación a saduceos y fariseos que no com-

11. Abot de R. *Nathan* A 6; B 19. No obstante, TJ Meg 1, 11, 71b, señala que durante su infancia estudió con el rabino Joshua ben Hananyah. Un estudio completo del personaje en W. Bacher, *Die Agada der Tannaiten*, I, Estrasburgo, 1884-1890, pp. 96-155.

12. *Baba Mesia* 59b.

13. Éste es, por ejemplo, el punto de vista defendido por Meir Holder en *History of the Jewish people: from Yavneh to Pumbedisa*, Nueva York, 1989, pp. 26 y ss. Con un enfoque similar, véase H. Maccoby, *Judaism in the First century*, Londres, 1989, pp. 38 y ss.

14. J. Neusner, *Judaism in the Beginning of Christianity*, Filadelfia, Fortress Press, 1984, pp. 89 y ss.

15. J. Neusner, *Invitation to the Talmud*, Nueva York, Harper, 1989, pp. 7 y ss.

partían su punto de vista, no faltó mucho tiempo para que dirigiera su mirada hacia los judeocristianos. Éstos no sólo habían sobrevivido a la guerra con Roma sino que además, en poco tiempo, se alzaron como la única alternativa dentro del judaísmo a los sabios de Jamnia. Para colmo, como tendremos ocasión de ver al examinar el Documento Q, su fundador y ellos mismos habían tenido la osadía de predicar que el Templo sería destruido, en señal de que Israel, en buen número, había rechazado al Mesías Jesús. El que tal predicción se hubiera cumplido colocaba en sus manos un recurso proselitista de no pequeño calibre, según podemos ver en algunos escritos cristianos posteriores al año 70 d.C.

La reacción farisaica contra ellos se desarrolló a lo largo de un período que concluiría hacia el año 80-90 d.C. con el *birkat ha-minim*, al que nos referiremos a continuación, pero que, en los siglos posteriores, continuaría de manera sostenida. Las modificaciones operadas en el judaísmo por parte de los sabios a fin de enfrentarse con el judeocristianismo y terminar por expulsarlo del seno de la nación han sido estudiadas por el autor de estas páginas con anterioridad y a ellas remitimos[16] al lector.

Implicaron la exclusión de los judeocristianos de las sinagogas judías mediante la inclusión en la oración diaria de una maldición específica contra ellos, a los que se llama *notsrim* (nazarenos) y *minim*. El texto de la misma es como sigue:

> Que los apóstatas no tengan esperanza y que el reino de la maldad sea desarraigado en nuestros días. Que los *notsrim* (nazarenos) y los *minim* desaparezcan en un abrir y cerrar de ojos. Que sean borrados del libro de los vivos y no sean inscritos con los justos. Bendito seas tú, Adonai, que abates a los orgullosos.

Aquella bendición era un golpe dirigido al corazón de las relaciones entre el judeocristianismo y el resto del pueblo judío. Obli-

16. C. Vidal, *El judeocristianismo palestino en el siglo I: de Pentecostés a Jamnia*, *op. cit.*

gados a maldecirse a sí mismos en la oración que todo judío recitaba tres veces al día, los judeocristianos sólo podían o apostatar de su fe en Jesús o aceptar la expulsión de las sinagogas. Puede ser que, como ha señalado algún autor[17], se tratara de un mero asunto de disciplina interna dentro del judaísmo, pero eso no puede ocultar la realidad de que la «bendición» contra los *minim* expulsaba a los judeocristianos del seno de un pueblo que era el suyo propio y de una fe que era también la suya, aunque los fariseos estuvieran modelándola progresivamente a su gusto, acentuando así las diferencias.

Además, los fariseos de Jamnia procedieron a una reinterpretación de la Escritura que privara a los judeocristianos de la posibilidad de predicar su fe en Jesús a sus compatriotas, realizaron reformas litúrgicas y efectuaron una relectura de los datos históricos sobre Jesús y el judeocristianismo en clave claramente denigratoria[18].

Jesús fue descrito en términos profundamente negativos. Fue un bastardo, hijo de una adúltera[19]. Se hizo Dios y anunció que regresaría[20]. Sin duda, había realizado milagros y prodigios, pero sólo se debían a su dominio de la brujería[21]. Por todo ello, las autoridades judías (no las romanas) habían ocasionado su muerte[22], pero nada podía haber de raro en ello[23]. Su ejecución estuvo más

17. P. Schaeffer, *Studien zur Geschichte und Theologie des Rabbinischen Judentums*, Leiden, 1978, pp. 45 y ss.

18. Un estudio sobre las referencias rabínicas acerca de Jesús en J. Klausner, *Jesús de Nazaret*, *op. cit.*, pp. 18 y ss. La reproducción de todos los pasajes originales en R. Travers Herford, *Christianity in Talmud and Midrash*, Londres, 1903, pp. 401 y ss. Véase mi estudio del Talmud como fuente en *El judeocristiano palestino en el siglo I: de Pentecostés a Jamnia*, *op. cit.*

19. Yeb IV, 3; 49a. Un posible paralelo neotestamentario en Juan 8, 41.

20. Yalkut Shimeoni, 725 sobre Números 23, 7. Paralelos neotestamentarios en Juan 5, 18-19; 14, 1 y ss.; y los apocalipsis sinópticos de Mateo 24, Marcos 13 y Lucas 21.

21. Paralelos neotestamentarios de esta acusación en Marcos 3, 22; Mateo 9, 34 y 12, 24.

22. Sanh 43a.

23. Juan parece hacerse eco, al menos en parte, de esta misma forma de pensar; véase Juan 11, 45-47.

que justificada desde el momento en que había seducido al pueblo y era un hechicero y un blasfemo.[24] Con una vida así, no era de extrañar que actualmente padeciera tormento en medio de excrementos en ebullición.[25]

Ciertamente los paralelos con las creencias judeocristianas eran evidentes, pero expuestos bajo la luz de la polémica y de la descalificación más ofensivas. El retrato de los judeocristianos apenas resultó más amable. Eran venales[26] y cometían la aberración de practicar curaciones en el nombre de Jesús.[27] Por otro lado, aparecían descritos en multitud de ocasiones enfrentándose teológicamente con los rabinos.

Finalmente, se articularon medidas disciplinarias contra aquellos judíos que simpatizaran con el grupo de seguidores de Jesús. Con ello, el cristianismo quedó definitivamente separado de su matriz judía y el judaísmo lanzó por la borda un cúmulo de perspectivas religiosas propias, entre ellas las recogidas por los primeros cristianos. De la fe judía anterior a la destrucción del Templo brotaron dos, el judaísmo farisaico de los Talmudim y el cristianismo, que, en parte, se podían remitir a aquélla y, en parte, serían novedosas. Con aquel desgajamiento, ambas partes salieron perjudicadas y se verían sometidas a un enconamiento de siglos lamentable desde todos los puntos de vista. Pero ésa, como diría Kipling, es ya otra historia.

24. Sanh 107b; Sota 47b. Paralelos neotestamentarios en Marcos 14, 63-64; Juan 5, 18-19 y 19, 7.

25. Guit 56b-57a.

26. Shab 116a y b.

27. T. Hulin 2, 22-23; TB Av. Zar. 27b; TJ Shab 14, 3, 14d; TJ Av. Zar, 2, 2, 40d y 41a.

Capítulo VII

El contexto religioso (I)

Las sectas judías

Acostumbrado a las definiciones dogmáticas que caracterizan a las religiones que conoce más o menos superficialmente, el hombre de nuestro tiempo difícilmente puede hacerse una idea de la enorme flexibilidad doctrinal que caracterizaba al judaísmo que antecedió a la época de Jesús y que existió, al menos, hasta la destrucción del Templo en el año 70 d.C. Salvo la creencia en un Dios único que se había revelado históricamente al pueblo de Israel (Deuteronomio 6, 4) y cuyas palabras habían sido entregadas en la Torah o Ley a Moisés, los distintos segmentos espirituales del pueblo judío no tenían nada que lo uniera por igual a todos.

En este capítulo nos acercaremos a las diferentes escuelas religiosas (o sectas) judías para examinar lo que tenían de distintivo y en qué medida se podía relacionar con el movimiento originado en Jesús de Nazaret. Comenzaremos por los escribas, fariseos y saduceos –que aparecen en las páginas del Nuevo Testamento– y después haremos mención de los esenios los zelotes la secta de Qumran y los apocalípticos, para concluir con una referencia a los judeocristianos.

Los escribas[1]

El término «escriba» no es del todo claro y parece referirse, inicialmente, a una labor relacionada fundamentalmente con la capa-

1. Sobre los escribas, véase A. J. Saldarini, *Pharisees, Scribes and Sadducees in Palestinian Society: A Sociological Approach*, Wilmington, Delaware, 1988.

cidad para leer y poder poner por escrito. Dado el grado de analfabetismo de la sociedad antigua no es de extrañar que constituyeran un grupo específico, aunque no puede decirse que tuvieran una visión tan estrictamente delimitada como la de los fariseos o los saduceos.

Su estratificación debió de ser muy variada, yendo desde puestos del alto funcionariado a simples escribas de aldeas que, quizá, se limitaban a desarrollar tareas sencillas como las de consignar contratos por escrito[2].

Hubo escribas, seguramente, en la mayoría de los distintos grupos religiosos judíos. Los intérpretes de la Ley que había entre los fariseos probablemente fueron escribas; los esenios contaron con escribas, y lo mismo podríamos decir en relación al servicio del Templo o de la corte. Esto obliga a pensar que debieron de distar de mantener un punto de vista uniforme.

En las fuentes judías, los escribas aparecen relacionados por regla general con la Torah, y resulta lógico que así sea por cuanto ellos eran los encargados de escribir, preservar y transmitir el depósito escrito de la fe judía. Esdras, que vivió en el siglo IV a.C. y que tuvo un papel de enorme relevancia en la recuperación espiritual de Israel tras el destierro en Babilonia, aparece descrito en el libro que lleva su nombre precisamente como escriba (Esdras 7, 6). Con todo, la literatura rabínica dista mucho de presentarnos una imagen homogénea de ellos. En ocasiones resultan copistas y en otras aparecen como expertos en cuestiones legales.

Esta misma sensación de que eran un grupo diverso que se extendía por buen número de las capas sociales es la que se desprende de los escritos del historiador judío del siglo I d.C., Flavio Josefo. Este autor nos habla tanto de un cuerpo de escribas del Templo que, prácticamente, equivalía a un funcionariado (*Ant. II*, 5, 1; 12, 3, 3) como de algún escriba que pertenecía a la clase alta (*Guerra V*, 13, 1).

2. En un sentido muy similar, véase F. J. Murphy, *The Religious World of Jesus*, Nashville, Abingdon, 1991, pp. 219 y ss.

El retrato contenido en los Evangelios armoniza con los datos incluidos en estas fuentes por cuanto refleja la misma diversidad. En algún caso, los escribas están ligados al servicio del Templo (como nos informa Josefo), en otros aparecen como intérpretes de la Ley (como en las fuentes rabínicas), e incluso, aunque en general parecen haberse opuesto a Jesús, conocemos por lo menos un caso en que un escriba coincidió con él en lo relativo a cuáles eran los mandamientos más importantes (Marcos 12, 28-34).

Los fariseos[3]

Los datos de que disponemos acerca de los fariseos nos han llegado fundamentalmente a partir de tres tipos de fuentes: los escritos de Josefo, los contenidos en el Nuevo Testamento y los de origen rabínico.

Josefo ha conservado para nosotros un retrato de saduceos, esenios y fariseos que estaba dirigido, fundamentalmente, a un público no judío y que, precisamente por ello, en su deseo por hacerse inteligible opaca en ocasiones la exactitud de la noticia. Josefo utiliza para referirse a los tres colectivos el término *hairesis*, que podría traducirse como «secta», pero sólo si se da a tal palabra un contenido similar al de «escuela» en el ámbito helenístico.

Josefo mismo estaba ligado a los fariseos e incluso tenía un especial interés en que los romanos los aceptaran como la columna vertebral del pueblo judío tras la destrucción del Templo en el 70 d.C. No debería extrañarnos, por ello, que el retrato que nos transmite sea, lógicamente, muy favorable:

«Los fariseos, que son considerados como los intérpretes más cuidadosos de las leyes, y que mantienen la posición de secta dominante, atribuyen todo al destino y a Dios. Sostienen que actuar

3. Sobre los fariseos, véase L. Filkenstein, *The Pharisees*, Filadelfia, 1966; J. Neusner, *The Rabbinic Traditions About the Pharisees Before 70*, 3 vols., Leiden, 1971; J. Bowker, *Jesus and the Pharisees*, Cambridge, 1973; A. Saldarini, *op. cit.*

o no correctamente es algo que depende, mayormente, de los hombres, pero que el destino coopera en cada acción. Mantienen que el alma es inmortal, si bien el alma de los buenos pasa a otro cuerpo, mientras que las almas de los malos sufren un castigo eterno.» (*Guerra II*, 8, 14.)

«En cuanto a los fariseos, dicen que ciertos sucesos son obra del destino, si bien no todos. En cuanto a los demás sucesos, depende de nosotros el que sucedan o no.» (*Ant. XIII*, 5, 9.)

«Los fariseos siguen la guía de aquella enseñanza que ha sido transmitida como buena, dando la mayor importancia a la observancia de aquellos mandamientos [...] Muestran respeto y deferencia por sus ancianos, y no se atreven a contradecir sus propuestas. Aunque sostienen que todo es realizado según el destino, no obstante no privan a la voluntad humana de perseguir lo que está al alcance del hombre, puesto que fue voluntad de Dios que existiera una conjunción y que la voluntad del hombre, con sus vicios y virtudes, fuera admitida a la cámara del destino. Creen que las almas sobreviven a la muerte y que hay recompensas y castigos bajo tierra para aquellos que han llevado vidas de virtud o de vicio. Hay una prisión eterna para las almas malas, mientras que las buenas reciben un paso fácil a una vida nueva. De hecho, a causa de estos puntos de vista, son extremadamente influyentes entre la gente de las ciudades, y todas las oraciones y ritos sagrados de la adoración divina son realizados según su forma de verlos. Éste es el gran tributo que los habitantes de las ciudades, al practicar el más alto ideal tanto en su manera de vivir como en su discurso, rinden a la excelencia de los fariseos...» (*Ant. XVIII*, 1, 3.)

No se limitan a éstas las referencias a los fariseos contenidas en las obras de Josefo. Incluso puede decirse que resultan contradictorias entre sí en algunos aspectos. Así, la descripción de las *Antigüedades* (escritas *c.* 94 d.C.) contiene un matiz político y apologético que no aparece en la de la *Guerra* (*c.* 75 d.C.). Tal variación es lógica porque, como vimos ya, por esa fecha los fariseos eran la única fuerza religiosa de envergadura en Israel. De hecho, Josefo, en *Ant. XVIII*, 1, 2-3, los presenta como todopoderosos (algo muy tentador, seguramente, para el invasor romano), aunque es más que dudoso que su popularidad entre la población fuera tan grande.

Los mismos relatos de la influencia de los fariseos sobre la reina Alejandra (*Ant. XIII*, 5, 5) o acerca del rey Herodes (*Ant. XVII*, 2, 4) parecen estar concebidos para mostrar lo beneficioso que podía resultar para un gobernante que deseara controlar Judea el tener a los fariseos como aliados políticos. En esta misma obra, Josefo retrotrae la influencia de los fariseos al reinado de Juan Hircano (134-104 a.C.).

La autobiografía de Josefo, titulada *Vida*, escrita en torno al 100 d.C., vuelve a abundar en esta presentación de los fariseos. Uno de sus miembros, un tal Simón, aparece como persona versada en la Ley y dotada de una moderación política y una capacidad persuasiva encomiables (*Vida*, 38 y 39).

Aunque es innegable el tono laudatorio con que Josefo contempla a los fariseos, exagerando seguramente su popularidad y su influencia, lo cierto es que, pese a todo, nos proporciona algunas referencias sustanciales acerca de ellos mismos. Las mismas pueden quedar resumidas así:

1. Creían en la libertad humana. Ciertamente el destino influía en los hombres, pero éstos no eran juguetes en sus manos. Ellos podían decidir lo que hacer con su vida.

2. Creían en la inmortalidad del alma. No todo acababa con la muerte, sino que las almas seguían viviendo.

3. Creían en un castigo y una recompensa eternos. Las almas de los malos eran confinadas en el infierno para recibir un castigo eterno, mientras que las de los buenos eran premiadas.

4. Creían en la resurrección. Las almas de los buenos recibían un nuevo cuerpo como premio. No se trataba de una serie de cuerpos humanos mortales –como sucede en las diversas visiones de la reencarnación– sino de un cuerpo para toda la eternidad.

5. Creían en la obligación de obedecer su tradición interpretativa y ésta iba referida a obligaciones religiosas como las oraciones, los ritos de adoración, etc.

6. Estaban dispuestos (seguramente, no sólo eso) a obtener influencia política en la vida de Israel. Quizá contaron ya con cierto peso antes de Herodes, pero después del reinado de éste perdieron influencia. En opinión de Josefo, resultaría recomendable que la recuperaran.

Naturalmente, a estas notas distintivas habría que añadir la común creencia en el Dios único y en su Torah; la aceptación del sistema de sacrificios sagrados del Templo (que, no obstante, no era común a todas las sectas) y la creencia en la venida del Mesías (que tampoco era sustentada por todos).

El Nuevo Testamento ofrece un retrato de los fariseos que, a diferencia del presentado por Josefo, no arranca de una mente favorable a los mismos. El Evangelio de Mateo, en especial, muestra una notable animadversión hacia los mismos. Si efectivamente su autor fue el antiguo publicano llamado Leví o Mateo, o se utilizaron tradiciones recogidas por el mismo, podría explicarse tal oposición en el recuerdo del desprecio con que fue contemplado durante años por aquellos «que se consideraban a sí mismos justos».

Jesús parece haber reconocido (Mateo 23, 2-3) que enseñaban la Ley de Moisés y que mucho de lo que decían era adecuado. A la vez, sin embargo, parece haber repudiado profundamente mucho de su interpretación específica de la Ley de Moisés o *halajah*. Jesús se manifestó opuesto a las interpretaciones farisaicas en cuestiones como el cumplimiento del sábado (Mateo 12, 2; Marcos 2, 27), los lavatorios de manos antes de las comidas (Lucas 11, 37 y ss.), sus normas alimentarias (Marcos 7, 1 y ss.) y, en general, todas aquellas tradiciones interpretativas que tendían a centrarse en el ritual, desviando con ello la atención de lo que él consideraba lo esencial de la ley divina (Mateo 23, 23-24). Para él, resultaba intolerable que hubieran «sustituido los mandamientos de Dios por enseñanzas de hombres» (Mateo 15, 9; Marcos 7, 7).

Por paradójico que pudiera resultar (y, sin lugar a ninguna duda, debió de ser muy ofensivo para los fariseos), Jesús contemplaba la especial religiosidad farisaica no como una ayuda para llegar a Dios, sino como una barrera para conocerlo. La parábola del publicano y del fariseo pronunciada por Jesús recoge extraordinariamente este punto de vista:

«A unos que confiaban en sí mismos como justos, y menospreciaban a los otros, les dijo asimismo esta parábola:

»Dos hombres subieron al Templo a orar. Uno era fariseo y el otro publicano. El fariseo, puesto en pie, oraba consigo mismo de esta manera: "Dios, te doy gracias porque no soy como los otros hombres, ladrones, injustos, adúlteros, ni tampoco como este publicano. Ayuno dos veces a la semana, doy diezmos de todo lo que gano".

»Mas el publicano, estando apartado, no quería ni siquiera alzar los ojos al cielo, sino que se golpeaba el pecho, mientras decía: "Dios, ten misericordia de mí, pecador".

»Os digo que éste descendió a su casa justificado pero el otro no, porque el que se ensalza será humillado, y el que se humilla será ensalzado.» (Lucas 18, 9-14.)

Sin duda, el personaje del fariseo señalado en el relato obedecía a un prototipo muy extendido en la época de Jesús. No sólo su vida era moral en términos generales, sino que además iba mucho más allá de lo establecido como corriente en lo que al cumplimiento de obligaciones religiosas se refería. La afirmación de que no era igual que otros hombres no era ninguna mentira. Con todo, la enseñanza de Jesús era que las personas que se acercaban así a Dios no podían ser aceptadas por Él, ya que Éste sólo busca los corazones humildes y rechaza los de aquellos convencidos de que son justos gracias a su esfuerzo personal. Los que eran religiosos al estilo de los fariseos –no digamos si además caían en la hipocresía– sólo podían esperar «una condenación más severa» (Marcos 12, 40).

Con todo, no debemos sacar de esto una visión meramente negativa. Para empezar, el retrato que los Evangelios ofrecen de los fariseos se ve corroborado por testimonios de las fuentes rabínicas en buen número de casos y es coincidente en aspectos doctrinales con el que vemos en Josefo. Los datos, aunque emitidos desde perspectivas muy diversas, coinciden.

Pero es que, además, probablemente fuera con los fariseos con quien más similitudes presentaban Jesús y sus discípulos. Al igual que ellos, creían en la inmortalidad del alma (Mateo 10, 28; Lucas 16, 19-24), en el castigo de los malos en un infierno (Mateo 18, 8; 25, 30; Marcos 9, 47-48; Lucas 16, 19-24, etc.) y en la resurrección (Lucas 20, 27-40), y esta última circunstancia salvó en alguna ocasión a algún seguidor de Jesús de los ataques de los saduceos (Hechos 23, 1-11).

Las tradiciones rabínicas acerca de los fariseos revisten una especial importancia por cuanto éstos fueron los predecesores de los rabinos. Se hallan recogidas en la Mishnah (concluida hacia el 200 d.C. aunque sus materiales son muy anteriores), la Tosefta (escrita hacia el 250 d.C.) y los dos Talmudes, el palestino (escrito sobre el 400-450 d.C.) y el babilonio (escrito hacia el 500-600 d.C.). Dada la distancia considerable de tiempo entre estos materiales y el período de tiempo abordado, los mismos han de ser examinados críticamente. J. Neusner[4] ha señalado la existencia de 371 tradiciones distintas, contenidas en 655 pasajes, relacionadas con los fariseos anteriores al año 70 d.C. De las 371, unas 280 están relacionadas con un fariseo llamado Hillel. Éste fue un rabino del siglo I a.C. que vino desde Babilonia hasta Judea y fundó una escuela de interpretación concreta. Opuesta a la escuela del rabino Shammai, se convertiría en la corriente dominante del fariseísmo (y, con ello, del judaísmo) a finales del siglo I d.C.

Los datos que nos ofrecen las fuentes rabínicas en relación con los aspectos específicos relacionados con los fariseos coinciden sustancialmente con los contenidos en el Nuevo Testamento y en Josefo: tradiciones interpretativas propias, creencia en la inmortalidad del alma, el infierno y la resurrección, etc. No obstante, nos proporcionan más datos en cuanto a los personajes claves del movimiento.

4. J. Neusner, *From Politics to Piety: The Emergence of Rabbinic Judaism*, Nueva York, 1979, p. 81.

En el año 49 d.C., y en un concilio celebrado en Jerusalén, los judeocristianos adoptaron una decisión que resultaría fundamental para su expansión en el resto del Imperio: los no judíos no estaban obligados a guardar la Ley de Moisés ni a circuncidarse (en el grabado superior), aunque para no escandalizar a los judíos se les recomendaba abstenerse de ciertos alimentos y de los matrimonios consanguíneos, prohibidos por su ley.

El movimiento rebelde judío –los zelotes como reactivo– sufrió un frenazo espectacular en el año 68 d.C., con la muerte de Nerón (en la ilustración) y la toma del poder por Vespasiano. Éste, para someterlos, envió a su hijo Tito en un momento óptimo, la ciudad de Jerusalén sumida en el caos ante la lucha de tres facciones judías por hacerse con el control de la ciudad.

La literatura rabínica nos ha transmitido críticas dirigidas a los fariseos que resultan similares a las pronunciadas por Jesús. El Talmud (Sota 22b; TJ Berajot 14b) habla de siete clases de fariseos, de las cuales sólo dos eran buenas, mientras que las otras cinco estaban constituidas por hipócritas. Entre éstos estaban los fariseos que «se ponen los mandamientos a las espaldas» (TJ Berajot 14b), algo que recuerda la acusación de Jesús de que echaban cargas en las espaldas de la gente sin moverlas ellos con un dedo (Mateo 23, 4).

De la misma forma, los escritos de los sectarios de Qumran manifiestan una clara animosidad contra los fariseos. Los califican de «falsos maestros», «que se encaminan ciegamente a la ruina» y «cuyas obras no son más que engaño» (Libro de los Himnos 4, 6-8), algo que recuerda mucho la acusación de Jesús de ser «ciegos y guías de ciegos» (Mateo 23, 24). En cuanto a la invectiva de Jesús acusándolos de no entrar ni dejar entrar en el conocimiento de Dios (Lucas 11, 52), es menos dura que el Pesher de Nahum 2, 7-10, donde se dice de ellos que «cierran la fuente del verdadero conocimiento a los que tienen sed y les dan vinagre para apagar su sed».

De los 655 pasajes o perícopas estudiados por Neusner, la mayor parte están relacionados con diezmos, ofrendas y cuestiones parecidas y, después, con normas de pureza ritual. Los fariseos habían llegado a la conclusión de que la mesa donde se comía era un altar y que las normas de pureza sacerdotal que sólo eran obligatorias para los sacerdotes debían extenderse a toda la población. Para ellos, tal medida era una manera de imponer la espiritualidad más refinada a toda la población de Israel, haciéndola vivir en santidad ante Dios; para Jesús, era colocar el acento en lo externo olvidando lo más importante: la humildad, el reconocimiento de los pecados y de la incapacidad propia para salvarse, el arrepentimiento, la aceptación de él como camino de salvación y la adopción de una forma de vida conforme a sus propias enseñanzas.

Cuando uno contempla lo dispar de ambas posturas –aunque existieran coincidencias en aspectos importantes– no puede sorprenderse de que la oposición entre las mismas sólo pudiera radicalizarse con el paso del tiempo.

LOS SADUCEOS[5]

Al igual que sucede con los fariseos, contamos con noticias relativas a esta secta procedentes de los escritos de Josefo, de los neotestamentarios y de los rabínicos. Sin embargo, los datos con que contamos resultan mucho más limitados.

Josefo los menciona, por primera vez, junto a los fariseos, en un pasaje al que ya hemos hecho referencia relacionado con Juan Hircano (*Ant. XIII*, 10, 5-6). Según el historiador judío, Juan Hircano había sido originalmente simpatizante de los fariseos, pero los saduceos consiguieron convertirse en asesores suyos y que se enfrentara con aquéllos.

Aparte de este pasaje, Josefo recoge en sus obras cuatro descripciones breves de los saduceos:

«El partido saduceo [...] sostiene que sólo aquellas regulaciones que están escritas deberían ser consideradas como válidas, y que aquellas que han sido transmitidas por las anteriores generaciones no tienen que ser observadas. Respecto a estos asuntos, los dos partidos (fariseos y saduceos) tienen controversias y serias diferencias, contando los saduceos sólo con la confianza de los poderosos, pero sin que los siga el pueblo, mientras que los fariseos cuentan con el apoyo de las masas.» (*Ant. XIII*, 10, 6).

«Los saduceos sostienen que el alma perece junto con el cuerpo. No observan nada salvo las leyes y, de hecho, consideran como virtud el discutir con los maestros del camino de sabiduría que si-

5. Sobre los saduceos, véase D. Gowan, «The Sadducees», en BBT, pp. 139-155; J. Lighstone, *Sadducees Versus Pharisees: The Tannaitic Sources*, en J. Neusner (ed.), *Christianity, Judaism and Other Greco-Roman Cults: Studies for Morton Smith at 60*, Leiden, 1973, vol. 3, pp. 206-217; A. Saldarini, *op. cit.*; C. Vidal, «Saduceos», en *Diccionario de las tres religiones monoteístas*, Madrid, Alianza, 1993.

guen. Son pocos los hombres a los que se ha dado a conocer esta doctrina, pero los mismos pertenecen a una posición elevada.» (*Ant. XVIII*, 1, 4.)

«Los saduceos, el segundo de los partidos, también rechazan el destino y apartan de Dios no sólo la comisión, sino la misma visión del mal. Mantienen que el hombre cuenta con una voluntad libre para elegir entre el bien y el mal, y que depende de la voluntad del hombre si sigue uno u otro. En cuanto a la persistencia del alma después de la muerte, las penas en el infierno, y las recompensas, no creen en ninguna de estas cosas [...] Los saduceos [...] son, incluso entre sí mismos, bastante ásperos en su comportamiento y, en su conducta con sus iguales, son tan distantes como en la que observan con los extraños.» (*Guerra II*, 8, 14.)

«Pero los saduceos niegan el destino, sosteniendo que no existe tal cosa y que las acciones humanas no se realizan de acuerdo a su decreto, sino que todas las cosas están en nuestro poder, de manera que nosotros mismos somos responsables de nuestro bienestar, mientras que si sufrimos la desgracia, ésta se debe a nuestra propia falta de razón.» (*Ant. XIII*, 5, 9.)

De los detalles suministrados por Flavio Josefo pueden deducirse las siguientes características relacionadas con este grupo:

1. Sólo creían en la Ley de Moisés como Escritura canónica.
2. Rechazaban las tradiciones humanas como vinculantes y, especialmente, las de los fariseos.
3. No creían en la inmortalidad del alma, ni en la resurrección ni en el infierno.
4. Sostenían la existencia de un libre albedrío y de una responsabilidad del hombre por lo que le aconteciera.
5. Estaban constituidos fundamentalmente por gente de clase alta, lo que eliminaba considerablemente la solidaridad entre ellos.

El Nuevo Testamento confirma el retrato de los saduceos que nos ha llegado a través de Josefo. En Hechos 23, 6-8, se dice expresamente que «los saduceos dicen que no hay resurrección, ni ángel, ni espíritu; mientras que los fariseos creen en la existencia de estos tres».

Tanto en el Evangelio de Marcos como en el de Lucas, la única vez que aparecen los saduceos con una posición teológica concreta es para enfrentarse con Jesús porque él sí creía en la resurrección (Marcos 12, 18; Lucas 20, 27).

El libro de los Hechos nos ha transmitido asimismo la noticia de cómo los saduceos mantenían una fuerte relación con el control del Templo (4, 1; 5, 17). Muy posiblemente, no todos eran sacerdotes pero sí habían sometido a su voluntad el sistema sacerdotal[6].

Esta vinculación de los saduceos con la vida del Templo, así como su pertenencia a la clase alta, explica con facilidad su actitud hacia Jesús y sus seguidores. El primero no sólo se diferenciaba de ellos en creencias como las de la inmortalidad del alma, la resurrección o el infierno, sino que además disminuía el papel espiritual del Templo en la vida de Israel. Al igual que otros judíos de la época, Jesús previó que el Templo terminaría siendo arrasado (Lucas 13, 34-35; Marcos 13; Mateo 24; Lucas 21) pero vinculó tal catástrofe al hecho de que sus compatriotas lo habían rechazado. Al ser el Templo una de las claves del poder saduceo, seguramente la más importante, Jesús no podía ser visto con buenos ojos.

Pero además, el movimiento de Jesús parecía estar hallando eco en una zona como Galilea, preñada de una historia de revueltas. ¿Quién podía saber exactamente lo que pretendía? ¿Acaso no podía levantar aquello las sospechas del ocupante romano hasta el punto de llevarle a intervenir en un conflicto donde no sólo se corría el riesgo de que fuera destruido el Templo sino de que también quedara arruinado el estatus de los saduceos? Prescindiendo de lo que pensara o no Jesús, constituía una amenaza en potencia que había que yugular cuanto antes. La iniciativa de tal medida en las altas esferas contó con un respaldo innegable (quizá decisivo) de los saduceos.

El Evangelio de Juan recoge un testimonio que refleja, sin duda, una situación real:

«Entonces los principales sacerdotes y los fariseos reunieron el concilio, y dijeron: "¿Qué vamos a hacer? Porque este hombre

6. En el mismo sentido, véase F. J. Murphy, *op. cit.*, pp. 241 y ss.

hace muchas señales. Si le dejamos así, todos creerán en él; y VENDRÁN LOS ROMANOS, Y DESTRUIRÁN NUESTRO LUGAR SANTO Y NUESTRA NACIÓN".

»Entonces Caifás, uno de ellos, sumo sacerdote aquel año, les dijo: "Vosotros no sabéis nada; ni pensáis que nos conviene que un hombre muera por el pueblo, y no que toda la nación perezca".» (Juan 11, 47-50.) (Las mayúsculas son nuestras.)

El hecho de que Jesús procediera además a crear un alboroto en el Templo volcando las mesas de los cambistas (Juan 2, 13 y ss.; Mateo 21, 12 y ss. y paralelos) sólo sirvió para precipitar lo inevitable de su muerte.

En cuanto a la literatura rabínica, es muy parca en sus descripciones de los saduceos. Siempre aparecen opuestos a los fariseos en cuestiones relacionadas con regulaciones de pureza y son presentados de manera negativa, pero poco obtenemos sobre su historia.

Los saduceos existieron como grupo organizado hasta algún tiempo después de la destrucción del Templo de Jerusalén en el año 70 d.C. Tras este desastre, se vieron desplazados de la vida espiritual por los fariseos y debieron desaparecer como colectivo quizá antes del final del siglo I d.C.

Los esenios

Junto a los fariseos y los saduceos existió una secta en la Judea de la época que, aunque desprovista de la importancia de estas dos, presenta rasgos de cierto interés para la historia del período y del cristianismo primitivo. Me estoy refiriendo a los esenios.

Dónde pudo originarse el nombre es algo sometido todavía a controversia. Para algunos, el mismo no es sino la forma griega de *jasya* (piadoso, santo)[7], mientras que otros lo han relacionado con

7. Véase al respecto J. T. Milik, *Ten Years of Discovery in the Wilderness of Judaea*, Londres, 1959, p. 80, y M. Black, *The Scrolls and Christian Origins*, Londres, 1961, pp. 13 y ss.

asya (sanador)[8], lo que podría encajar con su identificación con los *zerapeute* (sanadores), una comunidad de vida aislada a la que se refiere Filón (*De vida contemplativa*, 2 y ss.) como «adoradores» de Dios.

Las referencias que tenemos de los esenios aparecen en una pluralidad de fuentes. Plinio nos da noticia de ellos en su *Historia natural*, 5, 73 (escrita entre el 73 y el 79 d.C.), al hacer referencia al mar Muerto. De ellos nos dice que «En el lado oeste (del mar Muerto) [...] viven los esenios [...] Viven sin mujeres (porque han renunciado a toda vida sexual), viven sin dinero, y sin ninguna compañía salvo la de las palmeras».

El hecho de que Plinio parezca además situar en su pasaje Engadi al sur del enclave esenio ha llevado a algunos autores[9] a identificar a éste con Jirbet Qumran, lo que tiene una enorme trascendencia.

Filón de Alejandría nos ha dejado dos relatos acerca de los esenios. Uno de ellos, el más largo, se encuentra en su obra *Todo hombre bueno es libre*, y el otro, más breve, forma parte de su apología en favor de los judíos denominada *Hypothetica*.

En su relato más largo, Filón calcula el número de los esenios en unos cuatro mil, y los describe habitando en aldeas donde obtienen el sustento de la agricultura y dedican gran parte de su tiempo a cuestiones religiosas como la interpretación de las Escrituras. Su propiedad era comunitaria. Se abstenían de los sacrificios de animales, de hacer juramentos, de realizar el servicio militar y de la actividad comercial. No poseían esclavos, se ocupaban de aquellos de sus miembros que ya no podían trabajar a causa de la edad o la enfermedad, y cultivaban todo género de virtudes.

En su noticia más breve, Filón añade que sólo admitían adultos en su comunidad, y que practicaban el celibato, ya que las esposas y los hijos distraen la atención del hombre.

8. Véase G. Vermes, «The Etymology of "Essenes"», *RevQ*, 2, 1959-1960, pp. 427 y ss.

9. R. de Vaux, *L'Archéologie et les Manuscrits de la Mer Morte*, Londres, 1961.

Josefo se refiere a los esenios en *Guerra II*, 119 y ss.; *Ant. XVIII*, 18 y ss., y *Ant. XVIII*, 171 y ss. Su retrato de los esenios es más detallado que el de Filón y además se centra en testimonios que, al menos en parte, debieron de ser de primera mano, ya que en su *Vida* 10 y ss., nos habla de que conoció a los esenios cuando era joven.

Según Josefo, los esenios vivían esparcidos por todas las ciudades de Palestina (incluso en Jerusalén) y practicaban la hospitalidad entre ellos. Cabe la posibilidad de que, quizá, en las ciudades vivieran en algún tipo de fraternidad.

Creían en la predestinación y en la inmortalidad del alma. Presentaban sus sacrificios en el Templo de Jerusalén, pero de acuerdo a su propia normativa. Se dedicaban totalmente a la agricultura. Tenían todas las cosas en común. No se casaban (es interesante, no obstante, señalar que, según Josefo, existía también un grupo de esenios que sí permitían el matrimonio) ni tenían esclavos, y contaban con administradores que se ocupaban de controlar los productos del campo, así como con sacerdotes que supervisaban la preparación del pan y de otros alimentos.

Cualquiera que deseara entrar en el colectivo, debía pasar por un período de prueba de tres años. Al final del primero se admitía al novicio a la purificación ritual con agua, pero sólo al término del trienio podía tomar parte de la comida comunitaria, tras pronunciar un conjunto de juramentos solemnes relacionados con su nuevo estado.

La pena por infringir las normas del grupo era la excomunión, que implicaba, en realidad, condenar a morir de hambre al penado por cuanto no podía comer alimentos no supervisados ni recibirlos de sus antiguos compañeros.

Josefo también nos relata lo que constituía la actividad cotidiana de este colectivo. Sus miembros se levantaban antes del amanecer y oraban en dirección a oriente (algo inusual en los judíos), sin poder pronunciar palabra antes de terminar las plegarias. Después, salvo los sábados, marchaban a trabajar hasta el mediodía aproximadamente. Entonces se reunían en el centro comunitario, se bañaban y entraban en el refectorio vestidos con sus hábitos de lino.

La comida era precedida y concluida por una acción de gracias pronunciada por un sacerdote y el comportamiento de los asistentes –sólo los miembros de pleno derecho– estaba presidido por la sobriedad. La secta contaba con cuatro rangos diferentes y sólo se podía hablar conforme a las normas relativas a los mismos. Tras la comida, los esenios abandonaban sus hábitos blancos, volvían a vestirse con sus ropas de trabajo y continuaban en sus labores hasta la tarde. Después se reunían para otra comida en la que sí podían estar presentes los visitantes y los extraños.

No usaban el aceite por considerarlo impuro (¿quizá porque lo consideraban un artículo de lujo?), evitaban los juramentos (salvo los pronunciados en su iniciación) y tenían fama de interpretar a los profetas, hacer predicciones acertadas y conocer las propiedades médicas de diversos productos.

Hipólito se refiere también a los esenios en el noveno libro de su obra *Refutación de todas las herejías*, escrita en los primeros años del siglo III. Este autor coincide con Josefo en buen número de datos, pero parece haber contado con una fuente independiente de información que le permite corregir y suplementar al autor judío. Según Hipólito, los esenios se habían dividido a lo largo de su historia en cuatro partidos diferentes, uno de los cuales era el de los zelotes o sicarios. Como veremos en el próximo apartado, esta afirmación resulta discutible, pero no puede negarse el que algunos esenios optaran por una postura tan opuesta a los no judíos que algunos los confundieran con los zelotes. Por otro lado, sabemos que hubo un rebelde judío en la guerra contra Roma llamado Juan, cuyo origen era zelote (*Refutación* 9, 21).

Los zelotes no utilizaban monedas con la efigie del emperador o de ningún otro hombre, porque consideraban que el mismo acto de ver una cosa semejante era una forma de idolatría. Sabemos por el Talmud de Jerusalén (Abodah Zarah 3, 1) que Nahum de Tiberíades, que no era zelote sino fariseo, jamás miró en su vida la imagen de una moneda, pero en la literatura rabínica tal caso es excepcional, mientras que entre los esenios parece haber sido la regla.

Resulta también interesante señalar que Hipólito afirma que

los esenios creían en la resurrección además de en la inmortalidad del alma (Josefo no nos ha transmitido el primer dato).

La existencia de los esenios como colectivo no parece que pueda situarse más atrás de mediados del siglo II a.C. No hay referencias a los mismos en el Nuevo Testamento y no parece que tuvieran el más mínimo contacto con Jesús. De haber sido así, como aconteció con los fariseos, las relaciones no hubieran sido cordiales dada la enorme diferencia de perspectivas existentes entre ambos. Jesús no sólo distó de ser un asceta (de hecho, se le acusó de glotón y borracho) sino que además no parece haber tenido el más mínimo interés por recluirse en una comunidad concreta o conceder importancia al sacerdocio[10].

Cuestión muy debatida en las últimas décadas es la de si puede identificarse a la comunidad de Qumran con los esenios. Analizaremos ese aspecto, pero antes tenemos que ocuparnos de otro colectivo de enorme trascendencia en los años inmediatamente anteriores a la destrucción del Templo de Jerusalén en el 70 d.C. Me estoy refiriendo a los zelotes.

Los zelotes[11]

La palabra «zelotes» o «zelotas» es una transcripción del griego *zelotai* que significa, únicamente, «celosos». A su vez, este término helénico no era sino la traducción de la autodenominación que

10. Hemos abordado este tema en C. Vidal, *Jesús y los documentos del mar Muerto* (en prensa).

11. Sobre los zelotes, véase O. Cullmann, *Jésus et les révolutionnaires de son temps*, Neuchâtel, 1971; G. Baumbach, «Zeloten und Sikarier», en *TLZ*, 90, 1965, cols. 727-740; *idem*, «Die Zeloten», en *Bilit*, 41, 1968, pp. 2-25; S. Applebaum, «The Zealots: the case for revolution», en *JRS*, 66, 1971, pp. 155-170; J. Hitte, *Massada*, Jerusalén, 1973; H. Guevara, *Ambiente político del pueblo judío en tiempos de Jesús*, *op. cit.;* Y. Yadin, *Masada: la fortaleza de Herodes y el último bastión de los zelotes*, Barcelona, Destino, 1977 (3.ª ed.); M. Hengel, *The Zealots*, Edimburgo, 1989.

se daban los componentes de este colectivo: *qannaim* (celosos, en hebrero) o *qananayya* (celosos, en arameo). El nombre implicaba un celo religioso destinado a preservar el honor del Dios de Israel contra cualquier persona, cosa o situación que, a juicio de los zelotes, lo menoscabara.

Los zelotes tenían como modelo a Finees, un nieto de Aarón, que no había dudado, llevado por el celo de Dios, en traspasar de una lanzada a un israelita y a una pagana mientras se encontraban fornicando (Números 25, 7-13). Con este precedente, no debería extrañarnos que los zelotes mataran a los judíos que se casaban con no judías sin ningún tipo de proceso previo (Sanhedrín 9, 6).

La primera referencia histórica a los zelotes como partido articulado se nos da en relación con los secuaces de Menahem que, en el año 66 d.C., intentaron hacerse con el control de la guerra contra Roma (*Guerra II*, 441). El término es utilizado también por Josefo para hacer referencia a los rebeldes jerosilimitanos del invierno del 66-67 d.C. (*Guerra II*, 651) y a los seguidores de Juan de Giscala que se hicieron con el área del Templo en el 67 d.C. De la misma manera, las fuentes rabínicas sitúan las actividades de los zelotes en el período de la guerra contra Roma (Abot de Rabbi *Nathan* 6, 8).

Estas noticias son evidentemente correctas porque, como ya vimos en su momento, desde la revuelta de Judas el Galileo (que debió de tener lugar durante la infancia de Jesús), los judíos intentaron tratar las tensiones con Roma pacíficamente y, como mucho, recurriendo a lo que ahora denominaríamos «acciones no violentas». Fue sólo la política de los últimos procuradores romanos y el estallido del conflicto final contra Roma lo que provocó el nacimiento de los zelotes. Los mismos, por lo tanto, no existieron en vida de Jesús (salvo el caso de Judas el Galileo, al que nos referiremos en seguida), y esa circunstancia por sí sola –pero a la que se pueden unir muchas más– imposibilita la adscripción del mismo a ese movimiento.

Con todo, la historia de este colectivo ha venido opacada por una referencia contenida en Josefo (*Guerra II*, 118; *Ant. XVII*, 9, 23) en el sentido de que Judas el Galileo, que se sublevó contra los romanos hacia el 6 d.C., fue el fundador de la «cuarta filosofía», la de los zelotes. Dado que Josefo acostumbra a denominar a los zelotes «bandidos» y términos similares, algunos autores han intentado trazar una línea ininterrumpida de existencia de los zelotes desde el año 6 d.C. hasta la toma de Masada. Como ya pudimos ver en la primera parte de esta obra, tal posibilidad no se puede mantener.

La muerte de Judas el Galileo significó el final de su movimiento (Hechos 5, 37) y no tenemos noticias de nada similar –con la excepción de la sublevación del «engañador egipcio» que, no obstante, no parece haber sido un zelote– hasta el año 66 d.C. en el que, correctamente, Josefo habla de ellos. Intentar interpretar como zelotes a todos los bandoleros –calificados como tal por Josefo– que aparecieron durante los sesenta años intermedios no resulta de recibo, como ha demostrado recientemente un autor hispano[12]. En cierta medida, y si se nos permite trazar el paralelo histórico salvando las distancias, con los zelotes sucedió algo similar al caso del sandinismo en Nicaragua. Surgió a principios de este siglo con Augusto Sandino, pero desapareció con su muerte para no volver a emerger hasta los años setenta del siglo xx. De ello, sin embargo, no se podría deducir una existencia ininterrumpida de sandinistas durante las décadas en que no se produjo tal fenómeno. Hoy por hoy, por lo tanto, no creemos que se pueda afirmar que existieran zelotes en el período que va de la muerte de Judas el Galileo a los primeros años posteriores a la muerte de Jesús y, muy probablemente, al 66 d.C.

La teología específica de los zelotes no parece haber sido distinta de la de los fariseos pero, a diferencia de éstos, ellos se manifestaron partidarios de iniciar una acción armada contra Roma que, pensaban, sería respaldada por Dios. Precisamente por ello, eran contrarios al pago del tributo al emperador y a los matrimonios mixtos. Su postura sólo se diferenciaba, empero, de la de otros judíos en su disposición a usar la violencia. Parece también claro

12. Véase H. Guevara, *op. cit.*

que a su uso de la fuerza armada ligaron aspectos típicos de la violencia revolucionaria, como quemar los registros de propiedad, asesinar a miembros de la clase alta, etc.

Su postura llevó finalmente a la nación a la ruina (y, en este sentido, es comprensible la postura contraria que adopta Josefo), pero tanto la incapacidad de la clase gobernante judía como la rapacidad romana habían abierto las puertas a que sus posturas radicales (hoy quizá diríamos «fundamentalistas») fueran aceptadas por buena parte de la población[13].

LOS SECTARIOS DE QUMRAN[14]

El descubrimiento de los rollos del mar Muerto provocó en su día una auténtica conmoción por lo que representaba de acceso a una forma de judaísmo, grosso modo contemporánea de la de Jesús. Ciertamente, Qumran constituye un testimonio de enorme importancia para comprender la formidable variedad del judaísmo anterior a Jamnia, y para acceder al estudio del texto del Antiguo Testamento anterior al Masorético, pero su relevancia en relación con el cristianismo primitivo es mínima y, precisamente por ello, no nos extenderemos demasiado aquí en su detalle.

13. Se ha relacionado el término «sicario» (el que lleva la «sica» o puñal) con los zelotes. La palabra, en su sentido estricto, parece haberse referido propiamente a asesinos y extorsionadores no impulsados necesariamente por razones políticas. Seguramente eso explica que Josefo la refiera a los zelotes, sin duda por su contenido denigratorio. De nuevo, la palabra no puede ser identificada, sin más, con los zelotes.

14. La literatura sobre Qumran es extensísima. Al respecto véase J. A. Fitzmyer, *The Dead Sea Scroll*, Major Publications and Tools for Study, Missoula, 1977; G. Vermes, *The Dead Sea Scroll*, Filadelfia, 1981; P. R. Davies, *Qumran*, Guildford, 1982; M. Delcor y F. García Martínez, *Literatura esenia de Qumran*, Madrid, 1982; P. R. Callaway, *The History of the Qumran Community*, Sheffield, 1988; C. Vidal, «El origen de la secta del mar Muerto a la luz de 4QMMT, en ETF, II-3, 1990, pp. 233-250, y más ampliamente en C. Vidal, *Los esenios y los rollos del mar Muerto,* Madrid, Martínez Roca, 1993.

Empujados al desierto por una disputa con las autoridades del Templo[15], los sectarios marcharon, posiblemente, para cumplir la Torah tal y como ellos creían que debía ser obedecida y a la espera de una consumación escatológica del mundo que no se produjo tan pronto como pensaban. Quizá el grupo se hubiera disuelto de no haber hecho acto de presencia un personaje al que los documentos de la secta denominan el Maestro de Justicia. Éste imprimió al movimiento una dirección característica que no tendió tanto a mirar hacia atrás –cuando se separaron del sistema de culto de Jerusalén– como hacia delante.

El cuartel general de la secta estaba en Jirbet Qumran y allí permanecería durante algo más de dos siglos con un lapso de unos treinta años que el lugar estuvo abandonado (del 31-37 a.C. al 4 a.C., aproximadamente).

La secta estaba organizada según una jerarquía muy estricta en la que había sacerdotes, levitas, ancianos y los simples monjes. Aunque se reunían en asambleas comunitarias o sesiones de los *ha-rabbim* (los muchos), lo cierto es que el gobierno efectivo estaba formado por tres sacerdotes y doce laicos. Aparte, existían los cargos de *mebaqqer* (inspector) para controlar diversas áreas de la comunidad, y, sobre los distintos *mebaqquerim*, hallamos la figura del *paqid* (inspector jefe).

Los baños rituales tenían una enorme importancia en la disciplina del grupo, ya que aparecían ligados a ideas de pureza ritual. Los restos encontrados en excavaciones evidencian, de hecho, un cuidado escrupuloso en la conservación del agua, algo admirable en el medio desértico donde habitaban.

Las sanciones en el seno de la comunidad eran muy severas e iban desde la reducción de la ración alimenticia a la expulsión en unas condiciones que implicaban casi la muerte segura. La propiedad era comunitaria, pero no parece que existan reglas que impongan el celibato obligatorio. De hecho, se han encontrado sepulturas de mujeres y niños en la zona.

15. He estudiado a fondo este tema en C. Vidal, «El origen...», *op. cit.*

Su separación del sistema de sacrificios del Templo era total –lo que encaja mal con la descripción que nos ha llegado de los esenios– y, de hecho, se esperaba una consumación de los tiempos en que los «Hijos de la Luz» (los miembros de la secta) vencerían a los «Hijos de las Tinieblas», instaurándose luego un sacerdocio restaurado.

En cuanto a sus creencias, prescindiendo del acento exclusivista propio de la secta, coincidían en buena medida con la teología de los fariseos. También ellos creían en la inmortalidad del alma y en la resurrección, en la existencia de ángeles y de demonios, en el infierno, en una confrontación escatológica final y en la venida del Mesías[16].

La identificación de los sectarios de Qumran ha sido objeto de frecuentes controversias en las últimas décadas (para un examen de las mismas remitimos a los lectores a nuestro trabajo sobre los orígenes de la secta), pero la postura que los identifica con los esenios es, hoy por hoy, mayoritaria. Sin duda, las similitudes son notables: el período de prueba, los juramentos de iniciación, lo estricto de la disciplina, los baños rituales, la comida en común, la organización de tipo jerárquico, el honor rendido a los sacerdotes, la comunidad de bienes, la rigurosidad del cumplimiento del sábado y el legalismo considerable en la moral religiosa, etc.

Con todo, estas similitudes no nos proporcionan una identificación completa. Así, existen discrepancias en cuanto a la frecuencia y el significado de los baños ceremoniales, la duración del período de prueba, la doctrina relacionada con los sacrificios, la actitud hacia el gobierno y la utilización de la fuerza, la existencia de matrimonios en Qumran[17], etc., y éstas obligan a negar la iden-

16. Para ser exactos, de dos mesías, uno de los cuales debía morir. Recientemente, R. Eisenman ha desafiado este punto de vista insistiendo en que se trata sólo de un mesías (*The Dead Sea Scrolls Uncovered*, Londres, Penguin, 1933, pp. 19 y ss.), pero sus argumentos no terminan de resultar convincentes.

17. Se ha argumentado que éstos podrían ser los esenios que se casaban de los que habla Josefo, pero no debemos olvidar que éstos eran algo muy excepcional ya que tanto Josefo como Plinio y Filón insisten en el carácter de celibato que caracterizaba su vida.

tidad entre ambos grupos. ¿Cuál sería entonces la solución del enigma?

Una posibilidad sería la de reconocer que existían diversos grupos en la zona del desierto con parecidos entre sí, aunque no todos eran esenios. De hecho, el mismo Josefo estuvo un tiempo con un maestro de esas características (*Vida II*, 11) que practicaba también los baños rituales pero que no era esenio.

Otra explicación probable es la de que el término «esenios» tenga que ser entendido en un sentido amplio, como el utilizado por Hipólito, y que los sectarios de Qumran se identifiquen con una de las divisiones del movimiento. A nuestro juicio, ésta es la hipótesis más probable.

Mientras no contemos con una documentación adicional que nos permita decidir en un sentido definitivo, deberíamos conformarnos con afirmar que los sectarios de Qumran fueron un movimiento que puede identificarse con los esenios, aunque las diferencias existentes con éstos haga más prudente considerar que fueron una escisión o un subgrupo dentro de los mismos[18].

Los *am-ha-aretz*

Cuando uno concluye el examen de las sectas judías en la época de Jesús, no debería caer en el error de pensar que las mismas representaban a la mayoría de la población. De hecho, y si hemos de creer en el testimonio de las fuentes, no pasaban de ser minorías bien constituidas, cuyos miembros rara vez superaban algunos millares. Igual que constituye un error de bulto identificar a los profesantes de una religión determinada con las opiniones de la escuela teológica de moda, no lo es menos el pensar que todos los judíos de la época de Jesús se hallaban encuadrados en algunos de los grupos someramente descritos en este capítulo. Si hemos de ser

18. Hemos narrado de manera novelada ese episodio en C. Vidal, *El maestro de justicia*, Barcelona, Edhasa, 1997.

sinceros, tenemos que confesar que la inmensa mayoría quedaba fuera de los mismos.

¿Cuáles eran las creencias de esa mayoría de la población judía? Salvo algunos casos, realmente excepcionales, de incrédulos, la inmensa mayoría cumplía con las festividades judías, creía en el Dios único de Israel y en la Torah entregada por Éste a Moisés, e intentaba obedecerla dentro de sus propios medios. También parece que la esperanza mesiánica estaba muy extendida, así como la creencia en la resurrección. Por desgracia para ellos, la Torah imponía una serie de normas de pureza ritual sobre cuyo cumplimiento concreto (¿qué es trabajo en sábado?, ¿qué profesiones son impuras?, etc.) diferían las distintas sectas.

En el caso de los fariseos, concretamente, el enfoque era mucho más estricto y, por sí mismo, contribuía a dejar a buen número de los judíos en situación de impureza. Para aquéllos se trataba de los *am-ha-aretz*, la gente de la tierra, demasiado contaminada como para poder presentarse limpia ante el Dios de Israel.

Ya hemos visto, al tratar la secta de los fariseos, la forma en que Jesús contemplaba estas cuestiones. Esa flexibilidad es una de las causas que explica la sensación de alivio e interés que muchos de los *am-ha-aretz* experimentaron al oír su mensaje. Hoy por hoy, nadie puede negar que los mismos vieron un rayo de esperanza en un Jesús que proclamaba al Dios que había venido a buscar a las ovejas perdidas.

Pero no podemos caer en idealizaciones fáciles. La predicación de Jesús no sólo era «agradable», como tendremos ocasión de ver al examinar el Documento Q. Implicaba unas exigencias tan rígidas y totalizantes, y un concepto de la esperanza mesiánica tan específico, que muchos se sintieron desilusionados con ella y, llegado el momento, optaron por abandonarlo.

Capítulo VIII

El contexto religioso (II)

Las instituciones

De mayor importancia incluso que las diferentes sectas que encontraban cabida en el seno del judaísmo del segundo Templo fueron, sin duda, las instituciones religiosas. Mientras que no todos los judíos pertenecían, como ya vimos, a una secta (posiblemente, lo contrario sería lo cierto), estas instituciones sí afectaban a la vida de prácticamente todo Israel, entendiendo como tal no sólo el que vivía en tierra palestina, sino los más de dos tercios de sus hijos cuyo hogar material se encontraba fuera de la misma, en lo que, convencionalmente, recibía el nombre griego de «diáspora» y los hebreos de *gola* y *galut*.

Estas tres instituciones correrían una suerte diversa. El Templo, de importancia esencial en la época de Jesús, sería arrasado, como ya vimos, por las tropas romanas de Tito, creando con ello un dilema espiritual a Israel. Desde el año 70 d.C., y salvo un intento fallido del emperador Juliano el Apóstata, no se ha pretendido ni realizado su reconstrucción[1]. El Sanhedrín, tal y como lo conoció Jesús, desaparecería, aunque sólo momentáneamente, tras la catástrofe del año 70 d.C. Sólo la sinagoga permanecería para convertirse en foco de la vida religiosa y social de los judíos en los siglos siguientes. Hemos incluido al final de este capítulo también un pequeño excursus sobre la esperanza mesiánica, que no era una institución, pero casi tenía valor de tal entre los judíos. Con la excepción de los saduceos, puede decirse que todos creían en ella, aunque su creencia

1. Sobre el tema con referencias especiales a intentos actuales de futura reconstrucción, véase T. Ice y R. Price, *Ready to Rebuild*, Eugene, 1992.

no era, ni lejanamente, uniforme. A esta variedad, siquiera someramente, nos referimos, porque nos permitirá entender la visión concreta que del mesías tuvieron Jesús y sus primeros discípulos.

El Templo[2]

Para los judíos de la época de Jesús, el Templo constituía el único lugar donde Dios podía ser adorado de una manera correcta y verdadera. Por supuesto, las casas y las sinagogas eran lugares de oración, pero la adoración estricta, conforme a la Ley, tenía como sede el Templo. El que conocieron Jesús y sus discípulos era uno de los edificios mayores de todo el Imperio –quizá el mayor fuera de la Roma imperial– y había sido iniciado por Herodes el Grande el año 20 a.C., en un intento de congraciarse con los judíos. La obra de construcción duró décadas. Jesús no llegó a verlo terminado porque, de hecho, los trabajos –que daban empleo a multitud de personas– sólo concluyeron el año 64 d.C., poco más de un lustro antes de ser destruido por los romanos.

De área rectangular, más ancho por el norte que por el sur, se hallaba situado sobre el monte Moria, una colina enclavada en el lado inferior u oriental de Jerusalén, en el lugar donde, según la tradición, Abraham había llevado a su hijo Isaac para ser sacrificado. El Templo se hallaba rodeado de murallas con almenas, pero desconocemos con precisión dónde estaban situadas las puertas, que, al menos, fueron cinco. Entrando por la puerta sur, en poniente, uno se encontraba, en primer lugar, con el patio de los gentiles, denominado así porque en el mismo podían estar los no judíos.

2. Sobre el funcionamiento del Templo, véase J. Jeremias, *Jerusalén en tiempos de Jesús*, Madrid, Cristiandad, 1977, pp. 167 y ss.; A. Edersheim, *The Temple*, Grand Rapids, 1987; *idem*, *Sketches of Jewish Social Life*, Grand Rapids, 1988; C. Vidal, «Expiación», «Jurbán» y «Templo», en *Diccionario de las tres religiones monoteístas, op. cit; Enciclopedia de las religiones*, Barcelona, Planeta, 1997.

La entrada de las tropas de Tito *(izquierda)* en la incendiada Jerusalén estuvo señalada por la brutalidad, y a filo de sus espadas cayeron de forma indiscriminada ancianos, mujeres, niños y todo tipo de población civil. Quienes salvaron la vida fueron deportados para trabajar en las minas, luchar como gladiadores o aparecer como prisioneros en los desfiles triunfales. (El detalle del Arco de Tito *bajo estas líneas* lo corrobora.)

Aunque Judá –los sectarios de Qumran incluidos– había dejado de existir como nación, la guarnición judía de Masada (una vista aérea de sus ruinas a la *izquierda*) siguió resistiendo el acoso romano hasta que, en el 73 d.C., optaron por suicidarse en masa antes que rendirse. Con aquel acto daba comienzo un período de tiempo que sólo concluiría en 1948 con la fundación del Estado de Israel. (El Muro de las Lamentaciones *a la derecha* como secular lugar de cita.)

A una altura de algo más de un metro de este patio se hallaba el santuario. En el mismo no podían entrar los no judíos, como muestran las fuentes antiguas. Con todo, sí tenían la posibilidad de ofrecer, mediante los sacerdotes judíos, sus ofrendas a Dios. A este patio se accedía a través de nueve puertas. Desplazándonos de oriente a poniente, se encontraba el patio de las mujeres (al que podían pasar las mujeres judías, pero sin traspasarlo), el patio de Israel (donde podía penetrar todo varón israelita con la edad adecuada y tras purificarse debidamente) y, separado por una balaustrada baja, el patio de los sacerdotes. Esta última división tenía al frente el altar de los holocaustos donde, diariamente, realizaban sus sacrificios los sacerdotes.

El Templo, en un sentido estricto, se dividía en el lugar santo (donde estaba el altar del incienso, una mesa para el pan de las proposiciones y el candelabro de oro con siete brazos) y el santísimo, que estaba separado del anterior mediante una cortina ricamente bordada. En el interior no había muebles ni, por supuesto, imágenes, por cuanto el Decálogo prohíbe la realización de las mismas y el rendirles culto (Éxodo 20, 4-5) (el romano Pompeyo, cuando entró en su interior, se sorprendió precisamente de lo vacío del lugar); sólo existía una piedra grande sobre la cual el sumo sacerdote colocaba el incensario de oro una vez al año, el día de la Expiación. Sólo en ese día y sólo al sumo sacerdote le estaba permitido entrar en el lugar.

El servicio del Templo se hallaba bajo el control único de los sacerdotes, y se realizaba diariamente. Cada mañana y cada tarde se ofrecía un holocausto en favor del pueblo, consistente en un cordero macho de un año, sin mancha ni defecto, acompañado por una ofrenda de comida y otra de bebida, quema de incienso, música y oraciones.

El acceso al sacerdocio sólo estaba permitido a los descendientes de Aarón, el hermano de Moisés, y sus genealogías se custodiaban con esmero precisamente para evitar las intrusiones indeseadas. Esto implicaba asimismo la existencia de unas reglas muy estrictas para contraer matrimonio. Como ayudantes, los sacerdotes contaban con la ayuda de los levitas, que se dedicaban a tareas accesorias relacionadas con el servicio del Templo.

Como institución, el Templo se mantenía mediante un sistema de contribuciones muy bien elaborado que iba desde los diezmos a tributación especial y ofrendas relacionadas con el rescate de los primogénitos varones, etc. En tiempos de Jesús constituía un auténtico emporio comercial.

Seis eran las fiestas[3] que los judíos celebraban de manera especial en la época de Jesús. La primera del año era la de Purim (suertes), celebrada en torno a nuestro primero de marzo en conmemoración de la liberación de los judíos de manos de Hamán, según narra el libro bíblico de Esther. La segunda era la Pascua, celebrada el 14 de nisán (cerca de nuestro inicio de abril) en memoria de la liberación de los israelitas de la esclavitud de Egipto. Su importancia era tal que los romanos solían liberar un preso en esa fecha, de acuerdo a la voluntad del pueblo. A continuación de la Pascua, y en asociación con ella, tenía lugar la Fiesta de los Panes sin levadura durante siete días.

En tercer lugar, los judíos celebraban la festividad de Pentecostés, que tenía lugar cincuenta días después de Pascua, cerca del final de mayo. Se conmemoraba en ella la entrega de la Ley a Moisés, así como la siega del grano, del que se ofrecían en el Templo dos de los llamados «panes de agua».

A continuación nos encontramos con el día de la Expiación, que, en realidad, consistía más en un ayuno que en una fiesta. Era el único día, como ya vimos, en que el sumo sacerdote podía entrar en el Santísimo para ofrecer incienso y rociar la sangre de los sacrificios. Tras realizar estos actos, se soltaba un macho cabrío al desierto que llevaba, simbólicamente, la culpa de la nación, y se sacaban fuera de la ciudad los restos de los animales sacrificados en holocaustos. Durante el día se ayunaba y oraba de manera especialmente solemne.

3. Para un análisis detallado de estas fiestas véase: C. Vidal, «Fiestas», en *Diccionario de las tres religiones monoteístas*, *op. cit.*; y en *idem*, *Diccionario de Jesús y los Evangelios*, Estella, Verbo Divino, 1995.

Cinco días después tenía lugar la Fiesta de los Tabernáculos o Cabañas, cercana a nuestro primero de octubre. Se conmemoraba con ella la protección de Dios sobre Israel mientras vagó por el desierto a la salida de Egipto y servía asimismo para dar gracias a Dios por las bendiciones recibidas durante el año. Durante esta festividad, era costumbre que la gente viviera en cabañas improvisadas, y situadas a no más de una jornada de sábado de Jerusalén, en recuerdo de la experiencia pasada de Israel. Los dos actos religiosos principales eran el derramamiento de una libación de agua, realizada por un sacerdote usando una jarra de oro con agua del estanque de Siloé, y la iluminación del Templo mediante cuatro enormes lámparas que se situaban en el patio de las mujeres.

Finalmente nos encontramos con la Fiesta de la Dedicación (a mediados de nuestro diciembre, aproximadamente), que conmemoraba la restauración y rededicación del Templo realizada por Judas Macabeo. Durante esta fiesta era común leer los libros I y II de los Macabeos.

Sólo comprendiendo la importancia del Templo podemos entender algunos de los datos que nos han llegado en el Nuevo Testamento y en otras fuentes. El primero es la aversión existente entre los judíos y los samaritanos. Éstos, a los que no nos referiremos en esta obra por tener una importancia muy tangencial, pretendían ser seguidores de Moisés y consideraban el Pentateuco como revelación divina, con algunas variantes textuales. Esperaban a una especie de mesías conocido como *taheb*, pero adoraban a Dios en otro santuario situado sobre el monte Gerizim. Aquel estado de cosas era más que suficiente para indisponer entre sí a ambos pueblos. Los judíos ni siquiera osaban pasar por Samaria en sus viajes a Jerusalén y los samaritanos no perdían ocasión, como pudimos ver en parte al estudiar el contexto histórico, para hostigarlos.

Mayor trascendencia aún tiene la actitud de Jesús y de sus discípulos hacia el Templo. Aunque tanto el uno como los otros participaron en sus actos principales, no dejaron de anunciar que los días del mismo estaban contados. Tanto en Q como en los cuatro Evangelios, Jesús anuncia que el Templo sería arrasado, y es sabido que, una vez que tal hecho se produjo, los cristianos lo aprovecharon como argumento apologético contra los judíos.

No sólo eso. Si aceptamos como históricas las tradiciones contenidas en el Evangelio de Juan sobre las visitas de Jesús a Jerusalén[4] podemos ver que éste tendió a presentarse como una alternativa sustitutoria de las festividades judías. No es de extrañar que, en su proceso, una de las acusaciones fuera la de amenazar con destruir el Templo, que constituía una tergiversación de sus enemigos, sin duda, pero con un poso referencial, y tampoco debería sorprendernos que el primer mártir cristiano, Esteban, fuera linchado bajo la misma acusación (Hechos 7).

Cuando se produjo la destrucción del Templo, si para el judaísmo significó una tremenda desolación además de un conjunto de problemas teológicos (verbi gratia, ¿cómo expiar los pecados si ya no existía dónde?), para los primeros cristianos no fue sino una confirmación de su fe.

El Sanhedrín[5]

El término «Sanhedrín» servía para designar el concilio aristocrático de Jerusalén. Derivaba de la palabra griega *synedrion,* que podríamos traducir por «concilio» o «consejo». La primera noticia que tenemos de esta institución –o de otra muy similar– se halla en una carta de Antíoco III (223-187 a.C.) en la que se la denomina *guerusía* (senado o consejo de ancianos). La *guerusía* es mencionada varias veces en los libros de los Macabeos y, posiblemente, existió todavía en tiempo de los hasmoneos. Durante el reinado de Hero-

4. J. A. T. Robinson (*The Priority of John*, Londres, 1985) ha realizado un magnífico estudio sobre la historicidad de las tradiciones contenidas en Juan, así como sobre su fecha temprana de redacción. Salvo algunas objeciones y matices, sus puntos de vista nos parecen sustancialmente muy acertados.

5. Sobre el Sanhedrín, con bibliografía, véase C. Vidal, «Sanhedrín», en *Diccionario de las tres religiones monoteístas*, *op. cit.*; e *idem*, *Diccionario de Jesús y los Evangelios, op. cit.*

des el Grande, de haber seguido existiendo debió de ser bajo un control férreo del monarca. En el siglo I d.C., los romanos –siguiendo un sistema con paralelos en otros lugares– se valieron de él para controlar Judea.

No es fácil tener una idea exacta de cómo era esta institución. Josefo utiliza el término *synedrion* para referirse a diversas instituciones, tanto judías como romanas. En el Nuevo Testamento, la institución aparece en relación con la condena de Jesús. Marcos 14, 53-55 parece referirse a una mayoría de sacerdotes –seguramente ligados a los saduceos– controlada en la práctica por figuras como Caifás, y Juan 11, 45-53 señala asimismo la presencia de fariseos en su seno; ambos datos aparecen confirmados por Hechos 4, 5-6 y 23 (donde entre sus miembros está Gamaliel). Sus competencias parecen haber sido civiles y religiosas[6] –aunque en una sociedad como la judía de aquella época es difícil ver la diferencia entre unas y otras en muchos casos–, si bien carecían de competencia para condenar a muerte.

En la literatura rabínica, se denomina al Sanhedrín *Bet din* (casa del juicio). De acuerdo con estas fuentes, existió un gran sanhedrín con setenta y un miembros que se reunía en el Templo, tres tribunales con veintitrés miembros y otros tribunales formados por tres. Su composición tendía a primar la erudición.

Los Evangelios señalan que Jesús fue juzgado y condenado por el Sanhedrín, pero no es fácil saber exactamente a cuál se refiere y, por otra parte, el procedimiento no deja de ser muy irregular (por la noche, con interrogatorio directo del acusado para buscar su autoinculpación, etc.). Pese a todo, pensamos que la noticia es histórica, pero debe ser situada en su contexto correcto. Jesús no experimentó un proceso regular ante el Gran Sanhedrín –donde, muy posiblemente, su condena no hubiera sido tan fácil– sino una vista preliminar o instrucción ante uno de los sanedrines menores de veintitrés miembros.

6. Esta circunstancia ha llevado a algunos autores a postular la existencia de dos sanhedrines, uno político y otro religioso, pero tal tesis resulta cuando menos dudosa.

Que el procedimiento no fue conforme a derecho es evidente, pero no puede negarse que había personajes de peso bastante interesados –como ya vimos– en la desaparición de Jesús. Cuando se obtuvo lo que aparentaba ser una acusación sólida, los miembros, o una representación de los mismos, se desplazaron hasta la residencia de Pilato para pedirle que ordenara la ejecución de Jesús, algo que ellos no podían, legalmente, realizar. El romano comprendió que aquélla era una acusación fundamentalmente religiosa y, siguiendo una práctica habitual de Roma, declinó inmiscuirse en el asunto. Pero los miembros de aquel sanhedrín no estaban dispuestos a soltar su presa. Entablaron un forcejeo que, finalmente, concluyó con la ejecución de Jesús. Les guiaba ni más ni menos que la creencia en una «doctrina de la seguridad nacional».

LA SINAGOGA[7]

No tenemos certeza acerca del origen de la sinagoga. Algunas fuentes judías lo sitúan en la época de Moisés, pero tal dato es, claramente, legendario e inexacto. Lo más probable es que surgiera en el exilio de Babilonia como un intento de crear un lugar de culto para los judíos. Su función específica era la de proporcionar un lugar para el estudio de la Ley de Moisés. Aunque inicialmente las reuniones sólo debieron de tener lugar en sábado, con el paso del tiempo se fueron instituyendo reuniones específicas en la época de las grandes fiestas como sustituto para aquellos que no podían subir a celebrarlas a Jerusalén. En la época de Jesús era común, además, que hubiera reuniones los lunes y los jueves. La razón parece haber sido que la gente del campo traía los frutos al mercado en esos días y podía aprovechar para otras reuniones piadosas.

7. Sobre la sinagoga, véase I. Levy, *The Synagogue*, Londres, 1963; A. Edersheim, *Sketches of Jewish Social Life*, *op. cit.*, pp. 249-280; J. Peláez del Rosal, *La Sinagoga*, Córdoba, El almendro de Córdoba, 1988; C. Vidal, «Sinagoga», en *Diccionario de las tres religiones monoteístas*, *op. cit.* e *idem*, *Diccionario de Jesús y los Evangelios*, *op. cit.*

Los cultos sinagogales parecen haber tenido una cierta estructura. Tras las «bendiciones» preliminares, se procedía a recitar la «Shema» (la oración contenida en Deuteronomio 6), a orar, a leer un fragmento de la Ley de Moisés (generalmente después de los profetas) y, finalmente, se solía invitar a alguien para realizar algún comentario expositivo o exhortatorio. La bendición final, pronunciada por un sacerdote, concluía el culto.

Con la sinagoga estaba conectado un cuerpo de lo que podríamos denominar funcionarios: los ancianos (elegidos por la congregación para supervisar la vida de la comunidad), el «príncipe» (que solía ocuparse de los servicios principales de la sinagoga y de funciones como la conservación del edificio, la custodia de los rollos de las Escrituras, etc.), los «receptores» (responsables de las colectas y distribución de las limosnas), el «ministro» –en griego, «diácono»– (ayudante del «príncipe») y el recitador de oraciones, que relacionaba a las sinagogas con el mundo exterior.

Tanto Jesús como los primeros cristianos de origen judío visitaron y enseñaron con frecuencia en las sinagogas y las consideraron un lugar de reunión habitual. Esta circunstancia, precisamente, nos permite comprender el trauma que debió de significar para ellos el ser expulsados definitivamente de las mismas (precedentes parciales los hubo ya durante la vida de Jesús) después del concilio de Jamnia. Con ello se rompía el cordón umbilical que ligaba el cristianismo con la fe judía de la que había surgido.

Excursus: La esperanza mesiánica[8]

Junto con estas instituciones, representaba un papel esencial en las vivencias del pueblo judío de la época de Jesús la esperanza mesiánica.

8. El conjunto de obras referidas a este título es inmenso. Mencionamos en esta nota algunas de las aportaciones más sugestivas, donde se recoge una discusión de la práctica totalidad de puntos de vista así como considerable bibliografía: J. Klausner, *The Messianic Idea in Israel*, Londres, 1956; H. Ringgren, *The*

La palabra «mesías» deriva de *masiaj*, que significa únicamente «ungido» en hebreo. Lo mismo puede decirse de su equivalente griego *jristós*, de donde deriva nuestro «Cristo». El judaísmo del segundo Templo carecía de un concepto uniforme del mesías. Ciertamente, este mesías podía ser equiparado en algunos casos al «siervo de Yahvé» o al «Hijo del hombre», como veremos en la tercera parte de esta obra, pero esa postura no era generalizada. En ocasiones, el mesías era contemplado más bien como un dirigente dotado de características que hoy consideraríamos políticas.

Eran asimismo muy diversas las tesis acerca del comportamiento que el mesías mostraría hacia los gentiles e incluso podemos aceptar, según se desprende de los escritos de Qumran y quizá de la pregunta del Bautista registrada en Mateo 11, 3, que la creencia en dos mesías gozaba de un cierto predicamento en algunos ámbitos.

Como ya hemos indicado, la palabra hebrea *masiaj* significa «ungido». En ese sentido, sirvió para designar al rey de Israel (I Samuel 9, 16; 24, 6) y, en general, a cualquiera que recibía una misión específica de Dios, fuera sacerdote (Éxodo 28, 41), profeta (I Reyes 19, 16) o simple instrumento –incluso pagano– de los designios divinos (Isaías 45, 1).

Según 2 Samuel 7, 12 y ss. y el Salmo 89, 3 y ss., David había recibido la promesa divina de que su reino quedaría establecido para siempre. La decepción causada por los acontecimientos históricos en relación con esta esperanza fue articulándose paulatinamente

---

Messiah in the Old Testament, Londres, 1956; J. Jeremias, *Teología del Nuevo Testamento, I: La predicación de Jesús*, Salamanca, Sígueme, 1974; S. Mowinckel, *El que ha de venir: mecanismo y mesías*, Madrid, Fax, 1975; O. Cullmann, *Christology, op. cit.*, pp. 111 y ss.; G. Bornkamm, *Jesús de Nazaret*, Salamanca, Sígueme, 1985; G. Vermes, *Jesús, op. cit.;* M. Hengel, *Between Jesus and Paul*, Londres, 1983, pp. 65-77; J. Neusner, W. S. Green y E. Frerichs, *Judaisms and Their Messiahs at the Turn of the Christian Era*, Cambridge, 1987; A. Edersheim, *Prophecy and History According to the Messiah*, Grand Rapids, 1980 [*Profecía e historia en relación con el Mesías*, Terrassa, Clie, 1986] e *idem*, *La vida y los tiempos de Jesús el Mesías*, Terrassa, Clie, 1988, vol. II, pp. 689 y ss. (acerca de la interpretación rabínica del mesías); C. Vidal, «Mesías», en *Diccionario de las tres religiones monoteístas, op. cit.* e *idem*, *Diccionario de Jesús y los Evangelios, op. cit.*

en torno a la figura del mesías como personaje futuro y escatológico (aunque es poco frecuente que el término *masiaj* aparezca en el Antiguo Testamento con ese contenido, *v. g.:* Salmos 2 y 72).

La literatura extrabíblica coincide con el Antiguo Testamento en la adscripción davídica al linaje del mesías[9] (Miqueas 5, 2, etc.), pero mientras pasajes del Antiguo Testamento, como los de Jeremías 30, 8 y ss. o Ezequiel 37, 21 y ss., consideran que la aparición de este rey nombrado por Dios implicará una salvación terrenal, final y eterna, podemos contemplar en 4 Esdras 7, 26 y ss.; 11-14; Baruc 29, 30, 40 o Sanhedrín 96b y ss., la idea de que el reinado del mesías sólo será provisional, precediendo a otro definitivo implantado por Dios.

También resulta obvio que las características de este monarca aparecen de manera diversa en las distintas fuentes. En el libro bíblico de Zacarías (9, 9) nos encontramos frente al retrato de un mesías manso y pacífico[10]. Sin embargo, en los extrabíblicos Salmos de Salomón (17 y 18), por el contrario, aparece la imagen de un monarca guerrero que destruiría a los enemigos de Israel. Que esta idea estaba muy arraigada en la época de Jesús es cierto pero, como veremos más adelante al analizar otros títulos de connotación mesiánica, ni era exclusiva ni era la única.

Tampoco era uniforme la visión acerca de cómo se comportaría el mesías con los no judíos. En algunos casos, se aceptaba la idea de que sería «luz para las naciones» y que los no judíos disfrutarían de las bendiciones del tiempo mesiánico, pero en otros se pensaba que los no judíos no podían esperar nada bueno del reino mesiánico.

Finalmente, en algunas fuentes nos encontramos con la idea –que, como veremos, tuvo eco en Jesús– de un mesías que vendría, para desaparecer después y, finalmente, regresar.

9. La idea, con todo, no era unánime. En algunos casos también se hace referencia a un mesías de linaje sacerdotal en fuentes judías del segundo Templo.

10. Sobre el tema del mesías pacífico en el Targum palestinense como consecuencia del rechazo de la acción violenta contra Roma, véase G. Pérez Fernández, *Tradiciones mesiánicas en el Targum palestinense*, Valencia-Jerusalén, Institución San Jerónimo, 1981, pp. 141 y ss.

En relación con el linaje davídico de Jesús que le atribuyen los Evangelios (especialmente las genealogías de Mateo 1 y Lucas 3), cabe decir que lo más seguro es que sea históricamente cierto[11]. Resulta indiscutible que los primeros cristianos lo daban por supuesto en fecha muy temprana tanto en ambientes judeocristianos palestinos (Hechos 2, 25-31; Apocalipsis 5, 5; 22, 16) como judeocristianos extrapalestinos (Hebreos 7, 14; Mateo 1, 1-17 y 20), paulinos (Romanos 1, 3; II Timoteo 2, 8) o lucanos (Lucas 1, 27 y 32; 2, 4; 3, 23-32).

Eusebio (*Historia ecclesiastica III*, 19 y ss.) recoge el relato de Hegesipo acerca de cómo los nietos de Judas, el hermano de Jesús, fueron detenidos (y posteriormente puestos en libertad) por Domiciano, que buscaba eliminar a todos los judíos de linaje davídico. A través de este autor nos ha llegado, asimismo, la noticia de la muerte de Simeón, primo de Jesús, ejecutado por ser descendiente de David (*Historia ecclesiastica III*, 32, 3-6). De la misma manera, Julio el Africano señala que los familiares de Jesús se jactaban de su linaje davídico (*Carta a Aristeas*, LXI). Desde luego, no hay en la literatura judía ninguna negación de este punto, algo difícilmente creíble si, en realidad, Jesús no hubiera sido de ascendencia davídica. Incluso algunos autores han interpretado Sanh 43a –donde se describe a Jesús como *qarob lemalkut* (cercano al reino)– como un reconocimiento de esta circunstancia[12]. Los cristianos de origen judío no debieron de encontrar difícil por lo tanto aplicar tal título a Jesús.

11. En este sentido, entre otros, véase J. Weiss, *Das Urchristentum*, Gotinga, 1937, p. 89; G. Dalman, *Die Worte Jesu*, I, Leipzig, 1930, p. 262; D. Flusser, *Jesús*, *op. cit.*, pp. 29 y ss; R. O. Brown, *The Birth of the Messiah*, Nueva York, 1979, pp. 513-516 y 505 y 512 [*El nacimiento del Mesías*, Madrid, Cristiandad, 1982]; J. Jeremias, *Jerusalén en tiempos de Jesús*, Madrid, Cristiandad, 1985, pp. 303 y ss; C. Vidal, «Jesús», en *Diccionario de las tres religiones monoteístas, op. cit.* e *idem*, *Diccionario de Jesús y los Evangelios, op. cit.*

12. F. Delitzch, *Jesus und Hillel*, Frankfurt, 1875, p. 13; S. Krauss, *Das Leben Jesu nach jüdischen Quellen*, Berlín, 1902, p. 205. Por el contrario, H. L. Strack (*Jesus, die Häretiker und die Christien*, Leipzig, 1910, p. 18) ha negado tal posibilidad, objetando que el mismo término significa en B. Q. 83a «tener relaciones con el gobierno pagano».

Tendremos ocasión de ver en la tercera parte de esta obra cómo Jesús se consideró a sí mismo como «mesías», si bien un mesías de corte especial, aunque no novedoso, en el ambiente del judaísmo del segundo Templo. Como ha señalado muy acertadamente el estudioso judío David Flusser: «La concepción cristiana de Cristo no se originó en el paganismo, si bien el mundo pagano no tuvo grandes dificultades en aceptarlo por existir en su seno algunas ideas paralelas. Personalmente considero que este concepto tuvo su origen en el sector judío predispuesto a los mitos, que se expresa en los textos apocalípticos, en otras obras apócrifas judías y, hasta cierto punto, en la literatura rabínica y el misticismo judíos»[13].

13. D. Flusser, «El Hijo del hombre», en A. Toynbee, *El crisol del cristianismo*, Madrid, Alianza, 1988, pp. 335-336.

Capítulo IX

El contexto social[1]

Las clases altas

Las fuentes históricas nos permiten saber que el panorama de las clases altas era relativamente amplio en el período que estamos tratando. En el primer lugar de la pirámide social estaba situada la corte regia. No cabe duda de que el gobierno de la dinastía de Herodes implicó la institucionalización en el seno de aquélla de una forma de vida absolutamente suntuosa. Si hubiera que definir con dos calificativos la andadura económica de este sector social serían los de «lujosa» y «despilfarradora». Baste decir al respecto que ni Herodes ni Agripa I fueron capaces de hacer frente a sus propios gastos.

También poseemos datos sobre la vida de la corte real, así como sobre la de las cortes menores[2], y sabemos que en el seno de las mismas hallaban cabida una serie de segmentos sociales de no poca especificación[3].

Detrás de la corte aparece situada la clase de los ricos, cuyos ingresos, en buena medida, venían relacionados con posesiones agrícolas en las que practicaban el absentismo pero que les proporcionaban elevados ingresos[4]. Sabemos que la celebración de

1. Sobre el tema, véase A. Edersheim, *Sketches of Jewish Social Life*, *op. cit.*; E. Schürer, *History*, *op. cit.*; J. Jeremias, *Jerusalén en tiempos de Jesús*, *op. cit.*, y C. Vidal, *El judeocristianismo palestino en el siglo I: de Pentecostés a Jamnia*, *op. cit.*

2. Desde el año 12 a.C. las de los príncipes reales Alejandro, Aristóbulo, Antípater y Feroras, el hermano de Herodes (Josefo, *Guerra I*, 23, 5).

3. Al respecto véase J. Jeremias, *Jerusalén en tiempos de Jesús*, *op. cit.*, pp. 106 y ss.

4. Un ejemplo de este tipo lo constituiría Ptolomeo, el ministro de Finanzas de Herodes (Josefo, *Ant. XVII*, 10, 9).

banquetes y fiestas era habitual entre este segmento de la población, compitiendo los distintos personajes en la elección de cocinero o la presentación de los platos (Lam R. sobre 4, 2), y que otro de los elementos distintivos de la riqueza lo constituía la práctica de la poligamia[5], aunque la misma distó de estar generalizada.

Las exigencias económicas de las mujeres de la clase alta parecen haber sido exorbitantes. Existía una tarifa fija, correspondiente al diez por ciento de la dote (Ket 66b), que se destinaba a perfumes (Yoma 39b), adornos (Yoma 25), dientes postizos reforzados con hilos de oro y plata (Shab 6, 5) y demás artículos de corte meramente suntuario. La hija de Naqdemón (¿el Nicodemo del cuarto Evangelio?) llegó a maldecir a los doctores de la Ley porque, cuando fijaron su pensión de viudedad, sólo destinaron cuatrocientos denarios de oro a gastos superfluos (Ket 66b; Lam R. 1, 51, sobre 1, 16). Para hacernos una idea de lo que podía significar esto, tenemos que recordar que el denario de plata era el salario habitual por un día de trabajo de sol a sol (Mateo 20, 2, 10).

Miembros de este sector acaudalado de la población eran igualmente los grandes hombres de negocios, los grandes recaudadores de impuestos y los rentistas. También se podría encuadrar dentro de la misma a la nobleza sacerdotal. Resulta evidente que las familias del alto clero disfrutaban de un lujo considerable, y no resulta extraño teniendo en cuenta que el mismo oficio de sumo sacerdote exigía contar con una fortuna más que mediana. No sólo porque, en no pocas ocasiones, el puesto se obtenía mediante sobornos escandalosos[6], sino también porque algunas de sus obligaciones –como las de pagar las víctimas sacrificiales destinadas a la celebración del día de la Expiación o Yom Kippur– eran muy costosas[7].

Considerablemente corruptos, se prevalieron de su papel de administradores del tesoro del Templo y procuraron que las plazas

5. J. Leipoldt, *Jesus und die Frauen*, Leipzig, 1921, pp. 44-49.
6. II Macabeos 4, 7-10, 24, 32; Yeb 61a.
7. Josefo, *Ant. III*, 10, 3; Levítico 16, 3.

de tesoreros fueran cubiertas por sus familiares[8]. Aparte de ello, muchas familias poseían propiedades[9], y era práctica corriente que se aprovecharan del comercio de animales para los sacrificios. Era habitual que encontraran defectos en los animales que la gente llevaba a sacrificar al Templo, siguiendo los mandatos de la Ley mosaica, y que ésta se viera, finalmente, obligada a comprar los que proporcionaban personas cercanas a este sector del sacerdocio. La acusación formulada por Jesús en el sentido de que habían convertido el Templo en una cueva de ladrones distaba mucho de ser una exageración (Mateo 21, 13).

Por si todo ello fuera poco, no parece que mostraran ninguna prevención, a la hora de aumentar sus ingresos, ni contra el uso eventual de la violencia[10], ni contra la corrupción[11], ni contra el mismo despojo de los diezmos de los sacerdotes en las vísperas de la guerra del 66 d.C.[12]

El impacto positivo de la predicación de Jesús en este sector social debió de ser muy limitado. Nicodemo (Juan 3, 1; 7, 50) parece haber tenido alguna vinculación con Jesús y llevó para su sepultura cien libras romanas de mirra y áloe (Juan 19, 38-39). No obstante, no tenemos noticias de que mantuviera con posterioridad vinculaciones con el grupo de los discípulos.

Algo muy similar es lo que podemos decir en relación con José de Arimatea y con Zaqueo. Al primero, Marcos 15, 43 lo califica de *eysjemon*, un término que los papiros usan para designar a los hacendados ricos[13]. Los Evangelios, desde luego, señalan que era un hombre rico (Mateo 27, 57) que poseía al norte de la ciudad un

8. Pes 57a bar; Tos Men 13, 21.
9. Yoma 35b bar; Lam R. 2, 5.
10. Pes 57a bar.
11. Josefo, *Vida XXXIX*.
12. Josefo, *Ant. XX*, 8, 8.
13. Al respecto, sigue siendo de utilidad consultar la crítica de J. Leipoldt, en *TLZ*, 39, 1918, col. 180 y ss. a los papiros de la Biblioteca de la Universidad de Basilea publicados por E. Rabel en *Abhandlungen der königlichen Gesellschaft der Wissenschaften zu Göttingen*, 16, 3, Berlín, 1917.

huerto con un panteón familiar excavado en la roca (Juan 19, 41; 20, 11-15). Dado que había sido excavado recientemente, es muy posible que su familia llevara poco tiempo en Jerusalén y que entonces sus propiedades se encontraran en otro lugar. Con todo, tampoco tenemos constancia de que este personaje siguiera posteriormente vinculado al judeocristianismo palestino. En cuanto al segundo, parece haber sido un jefe de publicanos (Lucas 19, 2) que no gozaba de especial popularidad (Lucas 19, 3-10) y al que el contacto con Jesús produjo un considerable impacto (Lucas 19, 8). No obstante, carecemos de datos que, posteriormente, lo conecten con el grupo judeocristiano.

Pudiera ser también que María, la madre de Juan Marcos, el personaje al que se atribuye la redacción del segundo Evangelio, perteneciera a este estrato superior de la sociedad. Sabemos que tenía una casa en Jerusalén (Hechos 12, 12) y los datos sobre la misma hacen pensar que se trataba de un edificio espacioso, puesto que podía reunirse en su interior una comunidad de personas de tamaño no pequeño (Hechos 1, 13 y ss.). No obstante, de nuevo la afirmación no pasa de un cierto grado de probabilidad que no nos permite asegurarlo completamente.

Existe, finalmente, otro dato relacionado con la presencia de miembros de las clases altas en el seno del judeocristianismo palestino. Nos referimos a Santiago 2, 1 y ss., donde se habla de cómo hay gente provista de ropa suntuosa y de anillos de oro que visita las reuniones de los judeocristianos. La llegada de personajes de ese tipo provocaba al parecer una atracción que Santiago juzgaba insana y que ataca con rotunda firmeza. Pasajes como el de 4, 13 y ss. parecen poner de manifiesto que, muy posiblemente, había también hombres de negocios en el seno del movimiento, pero que Santiago temía el comportamiento soberbio de los mismos, demasiado seguros en su visión del día de mañana.

Resumiendo, pues, podemos decir lo siguiente:

1. Existen noticias claras sobre, al menos, tres personas que pertenecían a la clase alta y que mantuvieron cierta relación con Jesús. No obstante, no tenemos datos que nos permitan colegir

que, con posterioridad a la muerte de aquél, se mantuvieron ligados al judeocristianismo palestino.

2. Otros dos personajes pudieron quizá pertenecer a la clase alta y, desde luego, siguieron vinculados al grupo de los discípulos. No obstante, la primera circunstancia no pasa de ser una posibilidad.

3. Hubo personas ricas y hombres de negocios que estuvieron relacionados con la comunidad judeocristiana palestina pero, al menos en la carta de Santiago, no se nos oculta que su presencia resultó ocasionalmente problemática y que se temía el impacto negativo que podían provocar en los miembros.

LAS CLASES MEDIAS

La sociedad palestina de este período conoció la existencia de varias capas sociales a las que podríamos denominar como clases medias. Las mismas se componían de pequeños comerciantes, poseedores de alguna tienda en un bazar; artesanos, propietarios de sus talleres; personas dedicadas al hospedaje o relacionadas con el mismo; empleados y obreros del Templo –que, en términos generales, y partiendo de un nivel comparativo, estaban bien remunerados– y sacerdotes no pertenecientes a la aristocracia sacerdotal.

En términos generales, parece ser que un sector muy importante de los primeros cristianos de Judea pertenecía a este segmento de la sociedad. Los sacerdotes a los que se hace referencia en Hechos 6, 7 corresponden, desde luego, a este entorno, al igual que el levita Bernabé (Hechos 4, 36-37), y cabe la posibilidad de que lo mismo pueda decirse del «discípulo amado». Lo mismo cabría decir de los fariseos convertidos (Hechos 15, 5; 26, 5), aunque también es posible que algunos pertenecieran simultáneamente a los dos grupos.

También de una cierta clase media debieron de proceder algunos de los primeros discípulos de Jesús. Pedro, por ejemplo, tenía un negocio de pesca que explotaba a medias con su hermano y que le permitía tener una casa (Marcos 1, 16 y ss.; 1, 29-31). Por lo que sabemos, entre la muerte de Jesús y Pentecostés volvió a ocuparse de esta actividad (Juan 21, 1 y ss.). Santiago y Juan, los hijos de Zebedeo, contaban, según las fuentes, con asalariados (Marcos 1, 19-20 y paralelos) y Mateo Leví había pertenecido al grupo de los publicanos (Marcos 2, 13 y ss. y paralelos).

Posiblemente es en esta misma clase media donde cabría encuadrar –de no haber pertenecido a la alta– a la madre de Juan Marcos (Hechos 12, 12), a Ananías y Safira (Hechos 5, 1 y ss.), a los que vendieron sus propiedades en la comunidad de Jerusalén para ayudar a los necesitados (Hechos 2, 45; 4, 34) y a los que las conservaron (Hechos 4, 32 a 5, 11). Lo mismo podría decirse de uno de los parientes de Jesús del que nos habla Eusebio (*Hist. Ecles. III*, 20, 2) y que poseía, en un período situado entre los años setenta y los noventa del siglo I d.C., propiedades censables en 9.000 denarios.

LOS POBRES

El número de pobres resultaba considerable en la Palestina del período que estamos historiando. Propiamente hablando, habría que distinguir entre aquellos que se ganaban la vida mediante su trabajo y aquellos que subsistían, total o parcialmente, gracias a las ayudas que percibían de los demás.

En relación con los esclavos, existieron, desde luego –aunque desempeñaron escaso papel, por ejemplo, en las áreas rurales–, y su origen podía ser tanto judío como no judío[14]. Estos últimos solían ser circuncidados, tras un año de reflexión, con lo que pasaban a ser judíos[15]. Los libertos eran generalmente prosélitos, salvo quizá en el caso de la corte.

14. B. M. 1, 5; M. Sh 4, 4.

15. Generalmente, en caso de negarse eran vendidos a amos gentiles. Al respecto, véase E. Riehm, *Handwörterbuch des biblischen Altertums*, vol. II, Leipzig, 1894, p. 1524a.

Mientras los huidos saduceos (en la ilustración, sendos actores en el papel de Anás y Caifás, dos de sus líderes comprometidos en el proceso de Jesús) intentaban reconstruir la vida espiritual de la nación judía estableciéndose en Jamnia, los judeocristianos hacían lo mismo en Pella.

Los escribas –el «estamento» fariseo estrechamente relacionado con ellos– serían los encargados de escribir y transmitir el depósito de la fe judía (el *Rabino con la Torah* de Chagall, *a la izquierda,* lo certifica). Jesús, por contra, veía la religiosidad farisaica como una «barrera» para llegar a conocer a Dios, al igual que sucedía con los sectarios de Qumran. (*A la derecha*, un especialista intenta descifrar uno de los manuscritos hallados en Qumran.)

Los jornaleros formaban un sector mucho más extenso de la población. Ganaban en torno a un denario diario, como ya hemos indicado (Mateo 20, 2 y 9; Tobías 5, 15), comida incluida (B. M, 7, 1). El no encontrar trabajo –como le pasó a Hillel en Jerusalén– constituía una auténtica tragedia (Yoma 35b bar.) porque, en un sentido muy real, significaba hambre.

Entre aquellos que vivían de las ayudas ajenas aparecen en primer lugar los escribas (Eclesiástico 38, 24; 39, 11; P. A. 4, 5; 1, 13; Yoma 35b bar.; Mateo 10, 8-10; Marcos 6, 8; Lucas 8, 1-3; 9, 3; I Corintios 9, 14). Tenemos datos sobre rabinos que trabajaron como Shammay (Shab 31a), Hillel (Yoma 35b bar.), Yohanan ben Zakkay (Sanh 41a; Sifré Deut 34, 7; Gen R 100, 11 sobre 50, 14), Eleazar ben Sadoc (Tos Besa 3, 8), Abbá Shaul ben Batnit (Tos Besa 3, 8; Besa 29a bar.) o Pablo (Hechos 18, 3), aunque este último caso no deberíamos forzarlo. Parece ser que, en algún caso, los fariseos aceptaron sobornos (Josefo, *Guerra I*, 29, 2) y en los Evangelios se les acusa ocasionalmente de avaricia (Lucas 16, 14) y rapacidad (Marcos 12, 40; Lucas 20, 47).

En cuanto al número de mendigos, especialmente en Jerusalén[16], no debió de ser precisamente exiguo. Incluso existía toda una picaresca de personas que se fingían inválidas para obtener limosna (Pea 8, 9; Ket 67b-68a), pero no es menos cierto que los enfermos –por ejemplo, leprosos– que mendigaban en sus inmediaciones o en la misma ciudad eran considerablemente numerosos (Pes 85b; San 98a) y que su condición era realmente miserable. De hecho, buen número de curaciones de Jesús se conectan con Jerusalén y con lugares típicos de mendicidad (Mateo 21, 14; Juan 9, 1 y 8; 8, 58-59; 5, 2-3).

A lo anterior se sumaba la existencia de un número considerable de parásitos que vivía de colarse en las bodas y las circuncisiones (Sem 12; Tos Meg 4, 15). No es de extrañar que en el tiempo de la guerra del 66 d.C. se formaran con facilidad bandas dedicadas

16. Pes 113a indica cómo, de hecho, las gentes de Jerusalén se sentían orgullosas de su pobreza.

al pillaje, a las que, seguramente, no sin razón, Josefo sitúa entre la escoria de la sociedad (*Guerra V*, 10, 5).

Que de estos sectores de la población hubo abundantes muestras entre los seguidores de Jesús durante este período, es difícil ponerlo en duda. El mismo Jesús procedía de una familia pobre[17], carecía de recursos (Mateo 8, 20; Lucas 9, 58), no llevaba dinero encima[18] y vivía de ayudas[19]. Los paralelos, pues, con algunos escribas de su tiempo resultan notables, al menos en este aspecto.

Parece, además, que esa pobreza no se limitó a Jesús, sino que se dio también en relación con miembros de su grupo. Esto se desprende de las medidas económicas que se dieron en los primeros tiempos de la comunidad de Jerusalén que indican que, al menos una parte de los componentes de la misma, eran de condición económica muy modesta[20] y que resultaba excepcional que alguno poseyera inmuebles o bienes de cierto valor. De hecho, sólo nos consta la existencia de dos casos –el de Bernabé y el de Ananías y Safira– en que la venta tuviera cierta relevancia, y en ambos el bien no pasó de ser un campo (Hechos 4, 36-37; 5, 1-2). De ahí quizá podría desprenderse que las referencias a la enajenación de casas quizá no implicaron un gran producto (Hechos 4, 34).

Finalmente, aboga en favor de la precariedad económica de buen número de los miembros el que la «asistencia económica» se centrara en la mera entrega de alimentos (Hechos 6, 1 y ss.) y que el equilibrio económico pudiera verse alterado por la entrada de nuevos conversos hasta el punto de provocar variaciones en la estructura ministerial de la comunidad de Jerusalén.

Para cuando Santiago escribió su carta, que forma parte de los escritos del Nuevo Testamento, el número de pobres en la comu-

17. Tengamos en cuenta que el sacrificio de purificación de su madre es el de los pobres (Lucas 2, 24 y Levítico 12, 8).

18. Mateo 17, 24-27; Marcos 12, 13-17; Mateo 22, 15-22; Lucas 20, 24.

19. Lucas 8, 1-3.

20. De hecho, la insistencia que encontramos en las fuentes acerca de la pobreza entre los fieles de Jerusalén parece indicar que la misma se produjo de manera prácticamente endémica (I Corintios 16, 1; Gálatas 2, 10; Romanos 15, 26).

nidad pudo ser considerable. Algunos de ellos pasaban por una angustiosa situación de opresión económica (1, 6 y ss.) y otros no conseguían cobrar los salarios que se les adeudaban como pobres jornaleros (5, 4 y ss.). De hecho, la carga pudo ser tan grande para las limitadas fuerzas de la comunidad que en su seno se había despertado la insolidaridad incluso hacia los que pasaban hambre o frío (2, 15 y ss.). En este contexto, como ya indicamos, para muchos resultaba seductora la visita de algún personaje acaudalado a la comunidad (2, 1 y ss.) y los que poseían negocios mostraban una clara tendencia a autovalorarse en exceso, perdiendo de vista el papel de la Providencia en su vida (4, 13 y ss.).

No deja de ser admirable que en un contexto así Santiago intentara mantener la cohesión de la comunidad desechando las alternativas violentas (2, 10 y ss.), proyectando la esperanza en el regreso de Jesús (5, 7 y ss.) y enfocando la vida comunitaria hacia aspectos espirituales (5, 13 y ss.).

Resumiendo, pues, podemos decir que las clases bajas, en términos generales, contaron también con una amplia representación en el seno del cristianismo palestino de la época. No eran, como ya hemos señalado, su principal sustrato y tampoco podemos asegurar que fuera el único, pero sin duda contaron con una relevancia considerable, hasta el punto de que su situación constituye uno de los elementos principales del discurso de Santiago en su carta.

En relación con ellos, el judeocristianismo palestino tomó una postura que excluía las posibilidades revolucionarias y que apuntaba fundamentalmente a la práctica de la solidaridad dentro del grupo, así como a esperar el regreso de Jesús.

Es interesante hacer notar que aquellos seguidores de Jesús no parecen haber otorgado valor a la pobreza material en sí como en siglos posteriores harían ciertas ideologías como la teología de la liberación, sino más bien a una cosmovisión que indicaba su pertenencia a la categoría escatológica de los *anavim*, aquellos pobres humildes que esperaban la liberación procedente de Dios y únicamente de Dios y, desde luego, el papel de los judeocristianos procedentes de clases medias parece haber sido muy relevante.

Esto explica quizá que el movimiento no se aplicara –aunque su carga ideológica en este sentido es evidente– el título de pobres (*anavim* o *ebionim*[21]) y que tampoco quedara circunscrito –ni parece haber tenido ningún interés por ello– a los indigentes. También contribuye a ver por qué, al contrario de los esenios y de los sectarios de Qumran, permitió a sus miembros entregar o no sus pertenencias (Hechos 5, 1 y ss.). Si alguien ha pretendido en algún momento identificar a aquellos cristianos con un simple movimiento social de clases oprimidas, su perspectiva es errónea y contradice de manera radical el testimonio de las fuentes.

Ciertamente, el colectivo parece haber contado con un gran poder de atracción sobre los indigentes, pero no bastaba con ser pobre para pertenecer al grupo, y tampoco parece que tal circunstancia se considerara una recomendación especial. La integración en el mismo dependía más bien, como veremos, de una decisión vital no conectada directamente con el estatus social. Contrario a lo que puedan sostener ciertas visiones que atienden más al sustrato ideológico propio que a un análisis sereno de las fuentes, el movimiento cristiano palestino de aquellos años no fue una «iglesia de los pobres» sino un colectivo que podría ser definido como «interclasista».

Precisamente por esa flexibilidad, el judeocristianismo palestino supo articular su llamada de una manera que, aparte de sus elementos ideológicos concretos que estudiaremos, resultaba poderosamente atractiva para ciertos sectores de las clases medias y bajas que componían la inmensa mayoría de la población, pero sin dejar fuera de su foco de atención tampoco a los miembros de las clases altas. Con una visión así, sus posibilidades de ejercer una atracción amplia sólo hallaban competencia real dentro del judaísmo en la secta de los fariseos (que, desde luego, era más estricta en cuanto a la admisión de sus miembros y a los requisitos de éstos) y no es extraño, como veremos en la segunda parte, que el enfrentamiento terminara por producirse entre ambas.

21. Tal denominación sólo la llevarían –quizá deseando reivindicar la justicia de su postura– los ebionitas, un grupo heterodoxo desgajado del mismo. En este sentido, véase J. Jocz, *The Jewish People and Jesus Christ*, Grand Rapids, 1979, pp. 194 y ss.

Segunda parte

Jesús en el Documento Q

Capítulo X

¿Quién fue Jesús según el Documento Q? (I)

Si realizáramos una encuesta acerca de quién fue Jesús, las opiniones vertidas en el curso de la misma resultarían indudablemente variadas y, en buen número de casos, carentes de todo fundamento. La figura de Jesús se ha convertido en multitud de ocasiones en sólo un espejo en el que proyectar las inclinaciones de aquellos que escribían sobre él. En el siglo XX, sin ir más lejos, hemos asistido al Cristo ario de los nacionalsocialistas alemanes, cuyo padre habría sido no un judío sino un legionario romano; al Cristo «revolucionario» de la teología de la liberación, que partía de un sistema marxista de lectura de la realidad; al Cristo de la nueva era, que ha combinado rasgos de la ciencia ficción con otros del ocultismo de los siglos XVIII y XIX, y así podríamos continuar una lista lamentable en la que todo parecido con el Jesús de la historia es pura coincidencia.

El Documento Q nos permite acceder a la forma en que Jesús se presentó y definió a sí mismo y, de manera quizá no tan extraña, veremos que utilizó a tal fin una serie de categorías que no son familiares al hombre del siglo XX. Sin embargo, las mismas eran comprensibles para sus contemporáneos judíos, entre otras cosas porque eran las mismas que ellos utilizaban para calificar y dar nombre a determinadas esperanzas futuras. Son todas ellas categorías propias del judaísmo y, en el sendero histórico seguido por las diversas iglesias cristianas, se fueron perdiendo en multitud de ocasiones, pero si deseamos captar quién dijo Jesús que era y con quién lo identificaron los primeros cristianos debemos profundizar en las mismas. Ésa es la tarea a la que están dedicados este capítulo y el siguiente.

JESÚS, EL SIERVO[1]

El Documento Q atribuye en diversas ocasiones a Jesús el título de «siervo». En Q 22, 27 Jesús se define a sí mismo como «el que sirve» y en Q 14, 16-24 se presenta a sí mismo bajo la figura del «siervo» enviado por el señor que da un banquete (Dios) para llamar a la gente a entrar en él. Una lectura superficial de cualquiera de estos dos pasajes nos llevaría a pensar que Jesús sólo está haciendo referencia a su humildad o a su disposición a obedecer al padre. Sin duda, ambas ideas están presentes, pero además, Jesús se estaba atribuyendo el papel de un personaje, no exento de cierto misterio, conocido como el «siervo» en el libro de Isaías.

El título de «siervo» es una traducción del término hebreo *Ebed Yahveh* (siervo de Yahvé[2]) al que se hace referencia en los cantos de

1. Sobre el siervo, con exposición de distintas posturas y bibliografía, véase M. D. Hooker, *Jesus and the Servant*, Londres, 1959; B. Gerhardsson, «Sacrificial Service and Atonement in the Gospel of Matthew», en R. Banks (ed.), *Reconciliation and Hope*, Grand Rapids, 1974, pp. 25-35; O. Cullmann, *The Christology of the New Testament*, Londres, 1975, pp. 51 y ss. [*Cristología del Nuevo Testamento*, Salamanca, Sígueme, 1998]; D. Juel, *Messianic Exegesis: Christological Interpretation of the Old Testament in Early Christianity*, Filadelfia, 1988; F. F. Bruce, *New Testament Development of Old Testament Themes*, Gran Rapids, 1989, pp. 83-99; J. B. Green, «The Death of Jesus, God's Servant», en D. D. Sylva (ed.), *Reimaging the Death of the Lukan Jesus*, Franfurt del Main, 1990, pp. 1-28 y 170-173.

2. Para un estudio de este título desde una perspectiva veterotestamentaria, véase C. R. North, *The Suffering Servant in Deutero-Isaiah*, Oxford, 1956; V. de Leeuw, *De Ebed Jahweh-Profetieen*, Lovaina-París, 1956; H. H. Rowley, *The Servant of the Lord and Other Essays on the Old Testament*, Oxford, 1965, pp. 1-93. Sobre la utilización del título por parte de la iglesia primitiva, véase A. Harnack, *Die Bezeichnung Jesu als Knecht Gottes und ihre Geschichte in der alten Kirche*, Berlín, 1926, pp. 212 y ss.; G. Vermes, *Jesús el judío*, Barcelona, Métodos vivientes, 1979, pp. 171 y ss.; O. Cullmann, *The Christology of the New Testament*, *op. cit.*, pp. 51 y ss.; *idem*, «Gésu, Servo di Dio», en *Protestantesimo*, 3, 1948, pp. 49 y ss.; W. Zimmerli y J. Jeremias, «The Servant of God», en *SBT*, 20, 1957, pp. 43 y ss.; T. W. Manson, *The Servant-Messiah. A Study of Public Ministry of Jesus*, Manchester, 1953, y C. Vidal, «Siervo de Yahveh», en *Diccionario de las tres religiones monoteístas, op. cit.* e *idem*, *Diccionario de Jesús y los Evangelios, op. cit.*

Isaías 42, 1-4; 49, 1-7; 50, 4-11 y 52, 13 a 53, 12. Este siervo, cuya muerte tenía un significado sacrificial y expiatorio, ya había sido identificado con el Mesías antes del nacimiento de Jesús y se había afirmado incluso que su muerte sería en favor de los impíos[3]. Vamos a citar a continuación el cuarto canto del siervo para comprender lo que implicaba la mencionada figura:

«¿Quién ha creído en nuestro anuncio y sobre quién se ha manifestado el brazo de Yahvé?

»Subirá cual renuevo ante él, y como una raíz que brota en tierra seca. No existe en él atractivo ni belleza. Lo veremos pero no con atractivo suficiente como para que lo deseemos.

»Despreciado y desechado por los hombres, hombre de dolores, que experimentará sufrimiento. Fue despreciado cuando escondimos nuestro rostro de él y no lo apreciamos.

»En verdad llevó él nuestras enfermedades y sufrió nuestras dolencias; y nosotros pensamos que era azotado, herido por Dios y abatido.

»Pero lo cierto es que fue herido por nuestras rebeliones, aplastado por nuestros pecados. El castigo que produciría nuestra paz estuvo sobre él y fuimos curados por su llaga.

»Todos nosotros nos descarriamos como ovejas. Cada uno por su camino. Pero Yahvé cargó sobre él el pecado de todos nosotros.

»Aunque sufría angustia y aflicción, no abrió la boca. Fue llevado al matadero como un cordero. Como una oveja que se halla ante los que la trasquilan, quedó mudo sin abrir la boca.

»Fue quitado por juicio y prisión. ¿Quién contará su generación? Porque fue arrancado de la tierra de los seres vivos, y fue herido por la rebelión de mi pueblo.

»Y se pensó sepultarlo con los impíos, pero una vez muerto, estuvo entre ricos. Aunque nunca hizo mal, ni en su boca existió engaño.

»Pese a todo, Yahvé quiso quebrantarlo, sometiéndolo al sufrimiento. Después de poner su vida en expiación por el pecado, verá

3. G. H. Dix, «The Messiah ben Joseph», en *JTS*, 27, 1926, pp. 136 y ss.; W. D. Davies, *Paul and Rabbinic Judaism*, Londres, 1948, pp. 247 y ss.

su descendencia, vivirá largos días, y la voluntad de Yahvé será prosperada en él.

»Tras la aflicción de su alma, verá la vida[4], y quedará satisfecho. Mediante su conocimiento justificará mi siervo a muchos, y llevará sus pecados.» (Isaías 53, 1-11.)

El pasaje anterior, al igual que los otros tres cantos del siervo, fue escrito varios siglos antes de Jesús (ocho o cinco, según el autor al que se atribuya) y para su época ya contaba con una exégesis muy amplia. Su contenido parece claro. Un personaje, inocente y sin pecado, llevaría sobre sí los pecados de Israel extraviado. No se opondría a los que lo mataran y, de esta manera, expiaría las culpas de todos los descarriados. Aunque se pensaría en enterrarlo con criminales, una vez muerto estaría al lado de ricos. Su muerte no sería, sin embargo, el final de la historia. Después de poner su vida como expiación del pecado, «vería luz», es decir, viviría, resucitaría, y serviría de salvación a muchos.

¿Quién pensaban los judíos de la época que era este «siervo de Yahvé»?

El Enoc etíope, una obra seudoepigráfica del período, identificaba al «siervo de Yahvé» con el «Hijo del hombre» (13, 32-37; 14, 9; 13, 26 con Isaías 49, 2), un personaje al que nos referiremos en seguida. Éste sería «luz para las naciones», «elegido», «justo», etc.

En la literatura rabínica, por otra parte, no es raro encontrarse con la idea del «siervo» al que se identifica con un mesías que sufre. Así, por citar sólo algunos ejemplos, el siervo de Isaías 42 fue identificado con el mesías por el Targum de Isaías[5] al igual que por el Midrash sobre el Salmo 2. El Targum veía también en el siervo de Isaías 43, 10 a «mi siervo el Mesías».

4. *Lit.:* «luz», según el rollo de Isaías de Qumran y la LXX.

5. P. Humbert, «Le Messie dans le Targoum des prophètes», *Revue de Théologie et Philosophie*, 43, 1911, pp. 5 y ss.; G. Kittel, «Jesu Worte über sein Sterben», en *DT*, 9, 1936, p. 177; P. Seidelin, «Der Ebed Jahve und die Messiasgestalt im Jesajatargum», en *ZNW*, 35, 1936, pp. 197 y ss.; H. Hegermann, *Jesaja 53 in Hexapla, Targum und Peschitta*, Gütersloh, 1954.

De la misma manera el siervo de Isaías 49 es identificado con el mesías en repetidas ocasiones. Isaías 49, 21, donde vuelve a hablarse del siervo, es citado también como un texto mesiánico en el Midrash sobre Lamentaciones, en relación con el Salmo 10, 12. Isaías 49, 23 es conectado con el mesías en Levítico R. 47 y en el Midrash del Salmo 2, 2.

El canto de Isaías 52, 13 a 53, 12, que hemos traducido en su mayor parte en las páginas anteriores, tiene también claras resonancias mesiánicas en la literatura judía. Isaías 52, 13 es relacionado expresamente con el mesías por el Targum. Isaías 53 es conectado específicamente con el mesías en el Targum aunque se excluyera la idea del sufrimiento de éste, posiblemente como reacción frente al cristianismo[6]. No fue ésa, sin embargo, una postura generalizada. Así, Isaías 53, 5 se conecta con el mesías en el Midrash sobre Samuel y se hace referencia específica a los sufrimientos del mesías. Este mismo punto de vista aparece reflejado en el Talmud (Sanh 98b), donde los discípulos de Judá *ha-nasi* todavía conectan Isaías 53, 4 con el mesías. En cuanto al Midrash sobre Rut 2, 14, refiere este pasaje a los sufrimientos del mesías, al igual que lo hace Pesiqta Rabbati 36.

Puede verse, pues, que el «siervo» era una figura que los contemporáneos de Jesús no sólo asociaban con humildad, sino con un mesías cuyas características eran muy específicas: pacífico, sufriente, justo, no resistente y muriendo en expiación por el pecado de otros. Que tal idea aparece luego en el Nuevo Testamento es algo que no admite discusión (Hebreos 9-11; I Pedro 1, 18 y ss.; 2, 24-25; 3, 18; Romanos 4, 25; II Corintios 5, 21; Filipenses 2, 7, etcétera). En el mismo, se repite hasta la saciedad que Jesús murió como víctima inocente pagando con su muerte por los pecados de la humanidad. Lo importante aquí, sin embargo, es que el Documento Q sitúa esa identificación ya en vida de Jesús. Él tenía conciencia de que era el «siervo» y, lógicamente, de lo que eso iba a implicar en su futuro inmediato.

6. En ese sentido, véase J. Jeremias, *The Servant...*, *op. cit.*, p. 71.

Jesús, el Hijo del hombre[7]

Quizá el título relacionado con Jesús que aparece más veces en el Documento Q sea el de Hijo del hombre. Jesús pronuncia una bienaventuranza sobre aquellos que sean denigrados por causa del Hijo del hombre (Q 6, 22); menciona la acusación de comilón y borracho que se lanza contra él (y con ello se identifica como Hijo del hombre) (Q 7, 34); indica que, como Hijo del hombre, carece de posesiones (Q 9, 57-58); afirma que, como Hijo del hombre, es una señal (Q 11, 29 y ss.); advierte de que si alguien le niega, será negado por Dios (Q 12, 8-9); anuncia que regresará como Hijo del hombre (Q 12, 40), aunque antes deberá padecer mucho y ser rechazado por la gente (Q 17, 22 y ss.).

De la lectura de todos estos textos, se desprende que fue la expresión preferida de Jesús para referirse a sí mismo y que tenía un contenido de no poca envergadura. Jesús, como Hijo del hombre, llamaba a la gente a seguirlo (aunque él mismo no tenía nada) y advertía de que ese seguimiento implicaría críticas y mofas. No había, sin embargo, alternativa. Sólo aquellos que lo hubieran reconocido en público serían reconocidos por Él delante de Dios,

7. La literatura a propósito del Hijo del hombre es muy extensa. Para discusión de las diversas posturas con abundante bibliografía, véase A. Bentzen, *Messias, Moses redivivus, Menschensohn*, Zúrich, 1948; M. Black, «The Son of Man in the Old Biblical Literature», *Expository Times*, 40, 1948, pp. 11-15; *idem*, «The Son of Man in Man Imagery», en *JTS*, 8, 1958, pp. 225-243; J. Coppens y L. Dequeker, *Le Fils de l'homme et les Saints du Très Haut en Daniel VII, dans les Apocryphes et dans le Nouveau Testament*, Lovaina, 1961; O. Cullmann, *Christology... op. cit.*, pp. 137 y ss.; S. Kim, *The Son of Man as the Son of God*, Grand Rapids, 1983; B. Lindars, *Jesus Son of Man*, Grand Rapids, 1983; R. J. Bauckham, «The Son of Man: A Man in my Position or Someone», en *JSNT*, 2, 1985, pp. 23-33 (una respuesta de B. Lindars en *ibid.*, pp. 35-41); C. C. Caragounis. *The Son of Man*, Tubinga, 1986; M. Casey, *Son of Man*, Londres, 1979; *idem*, «General, Generic and Indefinite: The Use of the Term Son of Man in Aramaic Sources and in the Teaching of Jesus», en *JSNT*, 29, 1987, pp. 21-56; R. Leivestad, *op. cit.*, 1987, pp. 165 y ss.; I. H. Marshall, «Son of Man», en *DJG*, 1992, pp. 775-781; C. Vidal, «Hijo del hombre», en *Diccionario de las tres religiones monoteístas, op. cit.* e *idem*, *Diccionario de Jesús y los Evangelios, op. cit.*

cuando él regresara. Pero antes tenía que padecer mucho y ser rechazado por aquella generación.

¿Quién era el Hijo del hombre? Como ya vimos, el Enoc etíope identificaba al siervo con el Hijo del hombre. Ahora bien, ¿qué implicaba este título? En los últimos años, ha existido una abundante discusión científica acerca de este tema, convirtiéndose en una de las cuestiones esenciales en la relación con la cristología. Para algunos autores, el término «Hijo del hombre» no tenía ningún significado especial sino que se trataba meramente de una circunlocución aramea equivalente, aproximadamente, a «hombre» (H. Lietzmann[8], J. Wellhausen[9]) o a «yo mismo»[10]. Tales tesis, que ya han sido estudiadas también por mí con anterioridad[11], fueron en su día refutadas por G. Dalman[12], P. Fiebig[13] y J. Jeremias[14].

8. H. Lietzmann, *Der Menschensohn. Ein Beitag zur neutestamentchen Theologie*, Berlín, 1896.

9. J. Wellhausen, *Skiezzen und Vorarbeiten*, VI, Berlín, 1899, pp. 187 y ss.

10. M. Black, «Servant of the Lord and Son of Man», en *SJT*, 6, 1953, pp. 1-11; *idem.*, «The Son of Man problem in recent research and debate», en *BJRL*, 45, 1963, pp. 305-308; G. Vermes, «The use of br ns/br ns in Jewish Aramaic», en M. Black, *An Aramaic approach to the Gospels and Acts*, Oxford, 1967, pp. 310-328; *idem, Jesús el judío,* Barcelona, 1977, pp. 174 y ss. Un acercamiento bastante cercano al de Vermes en B. Lindars, *op. cit.*, y M. Casey, *op. cit.* Tanto Vermes como Lindars y Casey han establecido qué dichos del Hijo del hombre resultan auténticos, descartando inicialmente los referidos a Daniel 7. Tal tesis nos parece, a falta de una justificación convincente, cargada de arbitrariedad. J. D. G. Dunn, *Christology in the Making*, Filadelfia, 1980, ha formulado una muy sugestiva hipótesis al indicar que Jesús podría haber utilizado desde el principio la expresión «Hijo del hombre» referida a sí mismo llegándola él mismo a asociar con el tiempo al «Hijo del hombre» de Daniel 7, basándose en la vindicación que esperaba para sí procedente de Dios. Con todo, esta cuestión excede de los límites de este estudio.

11. Véase C. Vidal, *De Pentecostés a Jamnia, op. cit.*, e *idem*, «Hijo del hombre», en *Diccionario de las tres religiones monoteístas, op. cit.* e *idem*, *Diccionario de Jesús y los Evangelios, op. cit.*

12. G. Dalman, *Die Worte Jesu*, Leipzig, 1898 y 1930.

13. P. Fiebig, *Der Menschensohn, Jesu Selbstzeichnung mit besonderer Berücksichtigung des aramäischen Sprachgebrauchs für Mensch* , Tubinga, 1901.

14. J. Jeremias, *Teología del Nuevo Testamento*, vol. I, Salamanca, Sígueme, 1980, pp. 303 y ss.

Lo cierto es que «Hijo del hombre» es un título que aparece por primera vez en Daniel 7, 13. El pasaje dice así:

«Miraba yo en la visión de la noche, y venía con las nubes del cielo uno como un hijo de hombre, que llegó hasta el Anciano de días[15], y le hicieron acercarse ante Él.

»Y le fue dado dominio, gloria y reino, para que todos los pueblos, naciones y lenguas le sirvieran. Su dominio es un dominio eterno, que nunca concluirá, y su reino es un reino que nunca será destruido.» (Daniel 7, 13-14.)

Escritos judíos de la época de Jesús, como el Enoc etíope o 4 Esdras identificaban, dada la estructura del pasaje, al «Hijo del hombre» con el Mesías. ¿Qué otro podía ser si de él se decía que su reino duraría eternamente y que sería indestructible? Así, en 4 Esdras, el «Hijo del hombre» es descrito volando con las nubes del cielo (4 Esdras 13, 3), aniquilando al enemigo con el hálito de su boca (4 Esdras 13, 8 y ss., pasaje que recoge además resonancias mesiánicas de Isaías 11, 4) y reuniendo a una multitud pacífica (4 Esdras 13, 12-13).

Este «Hijo del hombre» es «aquel al que el Altísimo ha estado guardando durante muchos tiempos, el que salvará personalmente Su creación» (4 Esdras 14, 26), aquel al que Dios llama «mi hijo» (4 Esdras 13, 32, 37 y 52) y vencerá a los enemigos de Dios (4 Esdras 13, 33 y ss.). Asimismo, el «Hijo del hombre» es identificado con el siervo isaiano de Dios (13, 32-37; 14, 9), al que se preserva (13, 26 con Isaías 49, 2). Como tendremos ocasión de ver, no sólo en este escrito aparecen unidas las ideas de «Hijo del hombre», «Hijo de Dios», «Siervo» y «Mesías».

En el Enoc etíope, el «Hijo del hombre» provoca la caída de reyes y poderosos (46, 4), tiene su asiento en el trono de la gloria (45, 3; 55, 4; 61, 8; 62, 2; 69, 27), administra juicio (45, 3; 49, 4; 55, 4; 61, 8; 62, 3; 69, 27), será apoyo de los justos y de los santos, luz de las naciones y esperanza de los oprimidos (48, 4); los justos y elegidos disfrutarán de la comunión con él en mesa y vida (62, 14). El Enoc

15. Dios.

etíope describe asimismo al «Hijo del hombre» con pasajes tomados de los cantos del siervo de Yahvé. Así es «luz de las naciones» (48, 4 con Isaías 42, 6; 49, 6), «elegido» (39, 6; 40, 5 con Isaías 42, 1), «el justo» (38, 2; 53, 6 con Isaías 53, 11), su nombre es pronunciado antes de la creación «en presencia del Señor de los espíritus» (48, 3 con Isaías 49, 1), estaba oculto ante Dios (48, 6; 62, 7 con Isaías 49, 2) y se describe la derrota de reyes y poderosos a sus manos (46, 4; 62, 1 con Isaías 49, 7; 52, 13-15).

Esta identificación del «Hijo del hombre» con el Mesías no se limita en el judaísmo exclusivamente a la literatura apocalíptica. En el Talmud (Sanh 98a) se considera el texto de Daniel 7, 13 como una referencia al Mesías que, de haberse portado Israel dignamente, habría venido en las nubes del cielo; mientras que, en caso contrario, estaría obligado a venir humilde y cabalgando en un asno[16].

De manera similar, Daniel 7, 9 fue interpretado como una referencia al trono de Dios y al del Mesías por Aquiba (Hag 14a) y Daniel 7, 27 es entendido en Números R. 11 como relativo a los tiempos del Mesías.

A nuestro juicio, son precisamente estos últimos pasajes los que nos proporcionan la clave para entender el contenido que el Documento Q proporciona al título del «Hijo del hombre». Éste era el Mesías, pero no cualquier mesías, sino un mesías como el descrito según los cantos isaianos del siervo, un mesías que concluiría la historia atrayendo hacia sí no sólo a los judíos, sino también a los no judíos, un tema sobre el que volveremos al tratar la enseñanza de Jesús en el documento Q.

Jesús se estaba proclamando Mesías, pero con unas características que no serían del agrado de todo el mundo. Lejos de presentarse como un dirigente político o un guerrero, Jesús se veía como el mesías descrito en la visión de Isaías acerca del siervo. Humilde, pacífico, inocente, moriría por los pecados del pueblo (padecería y sería rechazado, según sus palabras en Q 17, 20 y ss.), pero finalmente regresaría como vencedor (al igual que anunciaba la profe-

16. Véase Zacarías 9, 9 con Marcos 11, 1 y ss. y paralelos.

cía de Isaías 53) y llevaría a su consumación un reino indestructible que, como veremos, ya había comenzado. Precisamente porque él era Hijo del hombre exigía, desde ahora, que la gente se definiera sobre él, porque –y esto debía quedar claro– sólo los que lo siguieran serían bien recibidos por Dios (Q 12, 10 y ss.).

Capítulo XI

¿Quién fue Jesús según el documento Q? (II)

Como hemos tenido ocasión de ver en el capítulo anterior, el documento Q centraba la descripción de Jesús en torno a títulos conocidos por sus contemporáneos pero que, hoy en día, exigen una clara explicación que nos permita captar su significado. Tras analizar los dos más utilizados, Hijo del hombre y siervo, de los que arrancan, como veremos, muchas de las características de los demás, en este capítulo terminaremos de examinar los otros títulos ligados en Q a la figura de Jesús.

Jesús, el Hijo de Dios

Relacionado con los títulos que ya hemos examinado, pero vinculado aún más con los que veremos a continuación, se halla el de «Hijo de Dios». El mismo sigue siendo de uso corriente, a diferencia de «siervo» o de «Hijo del hombre», al referirse a Jesús, pero no resulta evidente que su contenido se exprese de manera correcta, tal como fue entendido por Jesús y sus discípulos.

La expresión aparece en Q 3, 22, como palabras pronunciadas por Dios con ocasión del bautismo de Jesús. Es Dios el que llama Hijo a Jesús. ¿Se consideró éste «Hijo de Dios»? Si aceptamos como históricas sus palabras, tal y como aparecen en el Documento Q, no tenemos más remedio que contestar afirmativamente. La primera referencia la constituye el pasaje de Q 10, 21-22, de cuya autenticidad no podemos dudar.

En estos versículos, Jesús se reconoce como «Hijo» de Dios, al que llama Padre. El texto nos habla de que sólo existe un Padre (Dios) y el Hijo (Jesús). De hecho, este Hijo conoce al Padre y es el único que, realmente, puede decir que es así. En cuanto al Hijo, sólo es conocido por el Padre. El pasaje aparece tan preñado de exclusivismo que sería absurdo –como en su día hizo Gandhi– pensar que Jesús se presenta como un hijo más de Dios. Él es «el» Hijo y lo es con exclusividad. De hecho, nadie puede conocer al Padre si no es porque él se lo revela.

En Q 22, 29 vuelve a insistirse en esta circunstancia que, de acuerdo con las palabras de Jesús, no admiten comparación con la situación de ningún otro ser. Dios es, según Jesús, «mi Padre» y eso implica que lo es en un sentido especial que no admite comparaciones ni paralelos con otra persona. ¿Qué quiso decir Jesús con esa expresión? El judaísmo de la época nos sirve de poca ayuda porque «Hijo de Dios» es un título referido al mesías de manera especial, pero no contiene ejemplos de nadie que considerara a Dios como Padre en el mismo sentido profundo que lo dijo Jesús.

Sí debemos mencionar que el Midrash sobre I Samuel 16, 1 relaciona el título de «Hijo de Dios» con el canto del siervo de Isaías 53. El Midrash asocia también con la persona del mesías los textos de Éxodo 4, 22 (donde se habla del Hijo de Dios, que, evidentemente, se refiere en su redacción originaria al pueblo de Israel), de Isaías 52, 13 y 42, 1 correspondientes a los cantos del siervo; el Salmo 110, 1 y una cita relacionada con «el Hijo del hombre que viene con las nubes del cielo». Incluso se menciona el hecho de que Dios realizará un nuevo pacto. La conjunción no deja de ser muy interesante porque muestra ligados aspectos que también aparecen en el cristianismo: el mesías es el siervo, que es el Hijo de Dios, que es el Hijo del hombre, que realizará un nuevo pacto. Si además se añadiera que ese personaje es Jesús tendríamos toda una confesión de fe cristiana.

Quizá para captar en profundidad cómo vieron los primeros cristianos esta afirmación de Jesús de ser el Hijo de Dios, tendríamos que recurrir al Evangelio de Juan. Para este evangelista, se trata del título preferido para referirse a Jesús, un título además que no se limita a tener connotaciones mesiánicas sino que indica igualdad con Dios (Juan 5, 17-18; 10, 30 y ss., etc.). Como dice el evangelista:

«Por esto sus dirigentes ansiaban todavía más matarlo, porque no sólo abolía el sábado, sino que además decía que Dios era su Padre, HACIÉNDOSE IGUAL A DIOS» (Juan 5, 18). (Las mayúsculas son nuestras.)

Sobre la cuestión de si Jesús se vio a sí mismo como una manifestación de Dios (tal y como lo acusaba el Talmud), tratan precisamente los títulos siguientes.

Jesús, el Señor[1]

El Documento Q relaciona con palabras de Jesús el título de «Señor» en varias ocasiones. En Q 6, 46 recoge unas palabras de Jesús en las que éste insiste en que de nada sirve llamarle «Señor» si esa invocación no va unida a una obediencia de sus enseñanzas. En Q 9, 59-61 señala cómo una persona que desea seguirlo se refiere a él con ese apelativo. Pero quizá los dichos más interesantes de Jesús autodenominándose «Señor» sean los relacionados con su regreso y el juicio.

Así, en Q 12, 35-38 y Q 12, 43 y ss., Jesús se presenta como el Señor que volverá y pedirá cuentas a sus siervos, y una enseñanza similar es la que aparece en la parábola de las diez minas contenida en Q 19, 12-26.

Si bien Q 9, 59-61 puede indicar meramente un tratamiento de

1. Sobre este título, con expresión de las diversas posturas y bibliografía, véase W. Bousset, *Kyrios Christos*, Nashville, 1970; J. A. Fitzmyer, «New Testament Kyrios and Maranatha and Their Aramaic Background», en *To Advance the Gospel*, Nueva York, 1981, pp. 218-235; L. W. Hurtado, *One God, One Lord: Early Christian Devotion and Ancient Jewish Monotheism*, Filadelfia, 1988; B. Witherington III, «Lord», en *DJG*, pp. 484-492; C. Vidal, «Nombres de Dios», en *Diccionario de las tres religiones monoteístas*, *op. cit.* e *idem*, *Diccionario de Jesús y los Evangelios*, *op. cit.*

cortesía, similar a nuestro «señor», lo cierto es que todos los demás pasajes implican que Jesús se refiere a sí mismo como «el Señor». Para entender lo que implicaba tal afirmación debemos, una vez más, volvernos al contexto judío de la época.

El título «Señor» («mar») ya aparecía aplicado a Dios en las partes arameas del Antiguo Testamento. Daniel 2, 47 llama a Dios *mare malkim* (Señor de los Reyes) y en 5, 23 encontramos la expresión *mare shamaia* (Señor del Cielo). En ambos casos, la traducción del Antiguo Testamento al griego, conocida como Septuaginta o Biblia de los Setenta, tradujo «mar» por la palabra griega *kyrios*. En los textos de Elefantina, «mar» vuelve a aparecer como título divino (pp. 30 y 37). A. Vincent ha señalado incluso que este contenido conceptual ya se daba en el siglo IX a.C.[2] En escritos más tardíos «mar» sigue siendo una designación de Dios. El tratado Rosh ha-sha-nah 4a cita Esdras 6, 4 sustituyendo el *elah shamaia* (Dios de los Cielos) masorético por *mar shamaia* (Señor de los Cielos). En el Talmud aparece además la expresión *mare Abraham* (Señor de Abraham) (Eruv 75a; Sab 22a; Ket 2a; Baba Bat 134a) aplicada a Dios. Los *midrashim* palestinos contienen también buen número de referencias a Dios como «mar» (Señor) (Génesis R 13, 2; 22, 2, etc.).

De lo anterior cabría esperar que el Documento Q hubiera utilizado ese título para referirse a Dios (y, efectivamente, así lo hizo), pero además, como hemos visto, también aparece en el mismo aplicado a Jesús. Él mismo se había presentado a sí mismo no sólo como siervo-Hijo del hombre-Mesías, sino también como el Señor que volvería en algún momento a juzgar y a pedir cuentas. Una vez más, como en el caso del Hijo de Dios, Jesús se nos aparece con unas pretensiones que iban más allá de lo meramente humano. Esa conducta vuelve a ponerse de manifiesto en el título que examinaremos a continuación.

2. A. Vincent, *La religion des Judéo-araméens d'Eléphantine*, París, 1937, p. 114.

El autor en las ruinas de Qumran, donde habitaba la secta judía relacionada con los documentos del mar Muerto y frente a la gruta 4 también de Qumran, donde se descubrieron algunos de dichos documentos.

El descubrimiento de los rollos del mar Muerto (*abajo*, los hallados en la gruta 3) provocó, en su día, una auténtica conmoción por lo que representaba de acceso a una forma de judaísmo grosso modo contemporáneo al de Jesús. Con todo y poder identificársele con el de una escisión de los esenios, la relevancia de Qumran en relación con el cristianismo es mínima.

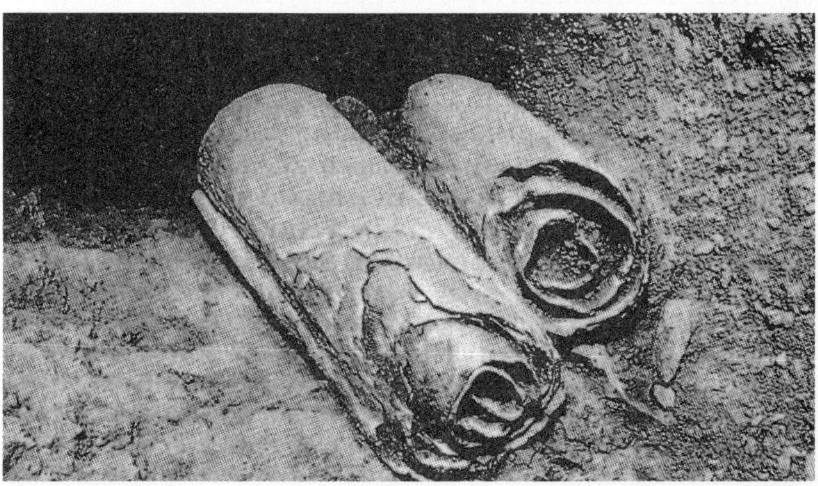

JESÚS, LA SABIDURÍA

El documento Q recoge dos pasajes en los que Jesús se presenta a sí mismo como la «Sabiduría». En Q 7, 35, Jesús se lamenta de cómo sus contemporáneos rechazaron primero a Juan el Bautista, para luego hacer lo mismo con él. Con todo, señala, él (la Sabiduría) ha quedado justificado por sus hijos (u obras). El texto parece ser un eco de Eclesiástico 4, 11 y sobre él volveremos más adelante.

En Q 11, 49-51, Jesús vuelve a presentarse de nuevo como la Sabiduría que envía mensajeros a predicar el Evangelio, encontrando éstos una terrible oposición.

¿Al referirse a sí mismo como Sabiduría qué estaba diciendo Jesús? Desde luego, no estaba hablando de ningún tipo de *gnosis* ni de ninguna de las estrafalarias doctrinas a las que ahora nos está acostumbrando el movimiento de la nueva era. Jesús se estaba refiriendo a un concepto muy conocido por sus contemporáneos y que no dejaría de resultarles familiar.

En el Antiguo Testamento se nos habla ya de la «Sabiduría» como una hipóstasis o manifestación de Dios. En Proverbios 8, 22 y ss. aparece este personaje como Hijo amado de Dios, existente antes que todas las criaturas, increado y artífice de la creación, expresándose de la siguiente manera:

> Yahveh me poesía ya en el principio, antes de sus más antiguas creaciones.
>
> Eternamente tuve el principado, desde el inicio, antes de que existiera la tierra.
>
> Cuando formaba los cielos, allí estaba yo, cuando trazaba la esfera sobre la faz del abismo...
>
> Con Él estaba yo ordenándolo todo. Era su delicia día tras día y sin descanso me divertía en su presencia. (Proverbios 8, 22-24, 27, 30.)

Esta figura alcanzaría en el judaísmo posterior una importancia innegable, conservando las características ya señaladas (Eclesiástico 1, 9 y ss.; 24, 3 y ss.).

El libro de la Sabiduría describe a ésta como «soplo de la fuerza de Dios», «efusión pura del fulgor del Todopoderoso» e «imagen de su bondad» (Sabiduría 7, 7-8, 16). Es «compañera de su vida» (la de Dios) (Sabiduría 8, 3), compañera de Su trono (9, 4), enviada bajo la figura del Espíritu de Dios (9, 10; 7, 7) y actúa en la historia de Israel (7, 27).

Para Filón, esta Sabiduría es «Hija de Dios» (*Fuga* 50 y ss.; *Virt.* 62) e «Hija de Dios y madre primogénita de todo» (*Quaest. Gen.* 4, 97). Finalmente, algunos textos rabínicos identificaron a esta Sabiduría preexistente con la Torah, «Hija de Dios», mediadora de la creación e hipóstasis[3].

Una vez más, podemos ver que Jesús, de acuerdo al Documento Q, se proclamó con un título que iba más allá de una simple humanidad. Hijo de Dios-Señor-Sabiduría era un tríptico demasiado explosivo para algunos de sus contemporáneos y no es de extrañar que estas afirmaciones quedaran limitadas al círculo de los discípulos más íntimos. Jesús estaba diciendo de sí mismo cosas que sólo podrían ser vistas como blasfemia y con ello ocasionarle la muerte.

JESÚS, EL QUE VUELVE

Jesús se veía a sí mismo como mayor que Jonás y Salomón (Q 11, 29-32), como Hijo del hombre, Mesías, siervo, el Hijo de Dios, el Señor y la Sabiduría, pero no quedaban limitadas a eso sus pretensiones. El Documento Q nos muestra que además prometió volver. Él sabía, como ya señalamos, que iba a ser despreciado y rechazado. Considerándose el siervo, debía tener presente asimismo la idea de su muerte, pero tal visión no era el final de la historia. Volvería y juzgaría a la humanidad.

Hay dos referencias que resultan especialmente explícitas al respecto en Q 12, 35-38 y en Q 13, 34-35. La primera contiene un

3. Véase Strack-Billerbeck, *op. cit.*, II, pp. 353 y ss. y III, p. 131.

mensaje de urgencia escatológica. Jesús regresaría, como Hijo del hombre, en el momento más inesperado. Tal llegada sería una bendición para aquellos que estuvieran preparados. La parábola de Q 12, 42 y ss. deja, por el contrario, de manifiesto que, para los desprevenidos, sólo sería un desastre calamitoso. En resumen: recompensa para los despiertos y condenación para los no preparados.

La segunda referencia resulta también muy interesante y está ligada al destino futuro del pueblo judío. El Templo de Jerusalén iba a ser destruido (y, efectivamente, eso sucedió en el año 70 d.C.) como castigo al rechazo de los profetas y de los enviados, así como de los oídos sordos prestados a la predicación de Jesús. Pero el día en que reconocieran a éste como Mesías se produciría una manifestación clara de la gloria de Dios sobre el pueblo judío.

Jesús no daba por concluida la historia con su muerte futura. Al igual que el siervo de Yahvé del que se narra en Isaías 53, él esperaba volver a ver luz tras la muerte y contemplar su triunfo.

Conclusión

¿Qué pensó Jesús de sí mismo? La pregunta planteada ya por él al círculo más íntimo de sus discípulos (Marcos 8, 27 y ss. y paralelos) no ha dejado de ser una cuestión candente durante siglos y no parece, más bien todo lo contrario, que la controversia pueda acallarse en breve. El Documento Q nos permite, empero, acercarnos al estrato más antiguo escrito acerca de Jesús y tratar de responder a esa pregunta no a partir de vanas especulaciones sino del testimonio de una fuente histórica.

En primer lugar, hay que decir que Jesús pensó de sí mismo según los patrones de la cultura a la que pertenecía. Era por ello imposible que se viera como el Cristo ario de los nazis, o el Cristo al estilo del Che de la teología de la liberación, o el Cristo de los masones, por citar sólo algunos ejemplos. Todas ésas eran visiones ajenas medularmente a su medio y sin puntos de contacto con él.

Jesús se contempló y entendió a sí mismo incardinado en conceptos del judaísmo de su época.

En primer lugar, se vio como Mesías, pero no un mesías cualquiera, sino el descrito como el siervo de Yahveh e Hijo del hombre. Esto tenía implicaciones muy claras. Significaba que podía esperar la muerte y que esa muerte serviría para expiar los pecados de los descarriados. Pero al mismo tiempo implicaba que, tras su muerte expiatoria, vería «luz», «viviría» y vería el fruto de su acción. Es decir, a la muerte le seguiría la resurrección y el triunfo. Desde este contexto, resulta verosímil que, como señalan los Evangelios, repitiera en varias ocasiones no sólo que iba a morir sino que también esperaba resucitar.

En segundo lugar, Jesús se veía como el Hijo del hombre. Esto no es extraño porque ambas figuras aparecían en diversos medios de su época como títulos del mesías. La mezcla era tan evidente que no es raro encontrar al mesías descrito con ambos calificativos. El mismo documento Q muestra cómo Jesús aplica al Hijo del hombre tanto la idea de triunfo final (que es como aparece en Daniel 7) como la de muerte previa.

En tercer lugar, Jesús, de acuerdo a los datos que nos suministra el Documento Q, no se vio solamente como un hombre encargado de una misión salvadora. Él era la Sabiduría, el Señor y, muy especialmente, el Hijo de Dios. Sólo él podía llamar Padre a Dios en el sentido que él lo hacía. Sólo él conocía al Padre y a él sólo el Padre podía conocerlo. Aquellos conceptos no eran nuevos en el judaísmo, pero lo auténticamente provocativo es que Jesús se los aplicaba a sí mismo, y eso, tarde o temprano, conllevaría el peligro de la muerte, una muerte que él vio cernirse en su futuro.

Desde el siglo XIX se ha insistido, de manera muchas más veces visceral que razonada, en afirmar que los aspectos relacionados con la preexistencia y la divinidad de Jesús eran medularmente antijudíos; que, por lo tanto, no podían haber sido sostenidos por sus primeros discípulos judíos y que su introducción en el seno del cristianismo se debió a una influencia helenística que cabría ligar a la persona de Pablo o incluso a comunidades anteriores al ministerio de éste. A la luz de lo contenido en el Documento Q (no digamos en otras fuentes que aquí no examinamos), todas esas afirmaciones son radicalmente insostenibles[4].

La visión que identifica al siervo sufriente de Isaías –cuyo sacrificio es visto ocasionalmente como expiatorio– con el Mesías y a éste con el Hijo del hombre es algo que aparece en el judaísmo precristiano. Para absorber estos puntos de vista, el cristianismo ni tuvo que dirigirse a las religiones paganas o mistéricas[5] ni tuvo que esperar a Pablo. En realidad, se limitó a asimilar la propia visión de Jesús sobre sí mismo que, a su vez, procedía de una interpretación de la Escritura ya existente.

Cuando, durante los siglos III y IV, algunos judíos de fe cristiana, según nos informa el Talmud, deseen convencer a sus compatriotas de que Jesús no era sólo un hombre sino que en él se había encarnado el Dios creador del Antiguo Testamento, seguirán recurriendo a pasajes de éste y especialmente a aquellos que describen a Dios hablando en plural[6]. Lejos de obtener sus puntos de vista del paganismo (¡mucho menos del paulinismo!), aquellos judeocristianos de Palestina habían seguido guardando fielmente la creencia en la divinidad de Jesús y ahondando en el Antiguo Testamento para deducir aún más argumentos en favor de la misma.

El uso de títulos como *kyrios* o «Sabiduría» no proceden de un ámbito pagano ni tampoco de un cristianismo helenizado. Los hallamos referidos a Dios en el judaísmo precristiano e incluso en el último caso, al igual que en el de la Sabiduría, ligados a una interpretación hipostática de los mismos. Una vez más, al admitirlos en su interior, el cristianismo recibía las palabras de Jesús, tal y como

4. En el mismo sentido de identificar los títulos referidos a la preexistencia de Jesús no con el paganismo sino con el judaísmo de la época, véase D. Flusser, «El Hijo del hombre», en A. Toynbee (ed.), *El crisol del cristianismo*, *op. cit.*, pp. 328 y ss. y 337 y ss.

5. En este mismo sentido, R. H. Nash, *Christianity and the Hellenistic world*, Grand Rapids, 1984, pp. 113 y ss.Véase también H. Köster, *Introducción al Nuevo Testamento*, Salamanca, Sígueme, 1988, pp. 230 y ss.

6. Véase, en este sentido, TJ Taanit 65b; Jalq. Shim 766 y TJ Ber. 12d, 13a.

aparecen en Q, y éste se limitaba a aplicarse a sí mismo enseñanzas comunes en el judaísmo de la época.

Jesús aparece, pues, en el Documento Q como sujeto de unas pretensiones que no podían dejar indiferentes a sus contemporáneos (y es dudoso que pudieran causar diferente efecto en los nuestros). En el mismo paquete, si se nos permite la gráfica expresión, aparecía como el Mesías que, mediante su muerte expiatoria, llevaba la carga de pecado de la humanidad y como Señor; como Sabiduría y como siervo; como el Hijo de Dios y como el que ha de venir a juzgar a la humanidad, dotado de una autoridad incomparable. Es ese «paquete» el que él –como veremos en los próximos capítulos– exigía tomar o dejar. Pero no hubiera considerado lícito el que sólo se aceptara una parte (la menos escandalosa para cada cual) o el que se usara su figura como capa de otras formas de pensar. En ese sentido, Jesús fue de una radicalidad pasmosa, de una negativa al compromiso inquebrantable y de una rigidez incondicional. Por ello, a la pregunta de quién era, sólo se podía responder, desde su punto de vista, diciendo que era el Mesías, el Hijo de Dios (Mateo 16, 16), y actuando en consecuencia.

Tercera parte

La enseñanza de Jesús en el Documento Q

CAPÍTULO XII

¿QUÉ ENSEÑÓ JESÚS, SEGÚN EL DOCUMENTO Q?

Al igual que sucede con la persona de Jesús, su enseñanza ha sido desfigurada en multitud de ocasiones con la finalidad de amoldarla a un esquema eclesiológico concreto o de privarla de algunos aspectos que no se consideran especialmente adecuados para el paladar del público al que se dirigen. No siempre hay mala fe detrás de conductas de este tipo. En muchos casos, simplemente se pretende hacer más accesible a un sector determinado lo que se considera que es esencial en el mensaje de Jesús. Pero con ello se está haciendo un flaco servicio a la causa de la veracidad. Por otro lado, es algo que nunca puede permitirse un historiador.

La misión de éste consiste en transmitir la información que encuentra en las fuentes prescindiendo de que la misma encaje o no con lo que puede resultar atractivo o repulsivo para el hombre de su tiempo. El enfrentamiento con este tipo de situación es algo que encontraremos al analizar a continuación la enseñanza de Jesús en el Documento Q.

LA NUEVA ERA Y LOS PODERES DEL MAL

La primera característica de la enseñanza de Jesús, como ha sido recogida en Q, es que éste consideró que su época era central para la historia universal. Posiblemente iniciada con la recepción del Espíritu Santo por Jesús en el momento de su bautismo (Q 3, 16b), en ella había venido el Reino (Q 17, 20-21).

Quizá lo más chocante de toda la visión de Jesús es que la misma estaba impregnada hasta la médula de una perspectiva espiritual. Existían fuerzas del bien y del mal, problemas y causas de los mismos, pero todos eran puramente espirituales. Quizá alguien esperaría ver a Jesús culpando de los males de su tiempo al imperialismo romano o a la pésima distribución de la riqueza en la Palestina de su época, pero apenas puede encontrarse una imagen más lejana de la realidad que ésa.

Sin duda, puede provocar malestar en una época de secularismo (al menos, aparente) como la nuestra enfrentarse con una cosmovisión de este tipo, pero lo cierto es que, para Jesús, el adversario número uno es el Diablo y sus huestes demoníacas. Quien se enfrenta a Jesús en el desierto no es la crisis de identidad, la angustia vital o la duda. Según Q 4, 2-13, es Satanás en persona tentándole con sugerencias muy concretas, y no resulta lícito ver como simbólico desde nuestro siglo algo que en el siglo I d.C., se interpretó como rigurosamente literal. Podrá convencernos o no, pero no es honesto alterarlo para que encaje mejor en nuestras propias ideas o prejuicios.

La misma política es descrita también en Q como un sistema controlado por Satanás. El Diablo, bastante interesado en llevar a Jesús a su terreno, le ofrece el dominio de todos los reinos de la Tierra que él posee por derecho propio (Q 4, 5-7). Ninguno de los dos discute en el Documento Q tal afirmación. Los dos son conscientes de que es verdad.

Es precisamente por esto por lo que buena parte del ministerio de Jesús está relacionado con la expulsión de demonios[1]. Los demonios no pueden enfrentarse con expectativas de éxito a Jesús (Q 10, 18-20) y en Q 11, 14 y ss. se nos dice incluso cómo la realidad de tal práctica era admitida por sus propios enemigos, si bien éstos la achacaban a algún pacto de tipo satánico establecido entre Belcebú y Jesús. Éste, por el contrario, les contesta que sus expul-

1. En puridad, no puede calificarse de «exorcismo» tales actos. El exorcismo requiere un ritual mínimamente elaborado. En el caso de Jesús, se nos dice que los demonios salían mediante una simple reprensión.

siones de demonios son una prueba de que el Reino de Dios ya ha llegado.

No, Jesús no parece haberse tomado a la ligera la cuestión de la existencia de seres demoníacos. Q 11, 24-26 incluso enseña que los mismos, si no son sustituidos por la aceptación del mensaje que Jesús predicaba, pueden regresar después de haber sido expulsados de alguien y que, entonces, la situación del infeliz sería mucho peor.

La segunda gran fuerza del mal que Jesús percibe como enemiga suya es la autojustificación religiosa. Hoy en día, también existe un sentimiento generalizado de aprecio (o desprecio) por todas las religiones en conjunto. Todas tienen cosas buenas y malas, podría decir el hombre de la calle. La enseñanza de Jesús reflejada en Q es que toda aquella teología o práctica religiosa que no apuntara a él como camino de salvación y, por el contrario, buscara ésta en las propias obras, era condenable.

Las referencias en Q son muy numerosas. Jesús arremete contra aquellos que abruman a la gente con preceptos religiosos (Q 11, 46); que gustan de los primeros lugares y de la pompa en las celebraciones religiosas (Q 11, 43); que han monopolizado la enseñanza de la palabra de Dios pero sin enseñar al pueblo ni tampoco aprender ellos (Q 11, 52); que obedecen reglas externas de limpieza ritual pero no se han preocupado de que su corazón sea limpio (Q 11, 37-39a); que se centran en preceptos legalistas olvidando lo más importante de la ley de Dios, Su justicia y Su amor (Q 11, 42); y que están dispuestos, en suma, a acabar con todos aquellos que se les opongan directamente (Q 11, 43-54).

Que este tipo de enseñanza debió de crearle enemigos a Jesús es algo que cuesta negar. Por un lado, identificaba detrás de la maldad un impulso diabólico. El hombre seguía siendo responsable pero no por ello era menor la influencia demoníaca sobre él. Por otro lado, insistía –y esto era más grave– en que para acercarse a Dios había que ir a través del Hijo, que es el único que lo conoce (Q 10, 21-22) y no dejarse enredar por otros mensajes religiosos.

En otras palabras, existía una realidad negativa controlada por el Diablo pero, a la vez, estaba la realidad positiva del Reino que se percibía en las obras de Jesús, fundamentalmente expulsiones de demonios (Q 17, 20-21) y curaciones (Q 13, 32). De hecho, cuando los discípulos de Juan el Bautista acudieron a Jesús para preguntarle si era el que había de venir, la respuesta de Jesús fue contundente: curaba enfermos y expulsaba demonios y bienaventurado aquel que no se escandalizara de él (Q 7, 21).

Por lo tanto, sería correcto decir que Jesús se enfrentaba con el mal, pero el punto de controversia viene cuando descubrimos que el mal combatido por Jesús dista mucho de encajar en nuestros parámetros mentales.

LA DECISIÓN

Aún más chocante para la mentalidad contemporánea es el segundo aspecto de la enseñanza de Jesús. Si, por un lado, insistía en que existía una lucha feroz entre el mal (Satanás y sus acólitos) y el bien (Jesús y el Reino iniciado por él), por el otro pretendía que todo el mundo debía tomar partido en semejante confrontación y que no podían existir personajes neutrales en la lid. Ése es, sin lugar a duda, el elemento que resulta más patente en todo el Documento Q. Jesús, con unas pretensiones de autoridad sin paralelo, insiste en que el hombre tiene que tomar partido por él y que no hacerlo sólo puede terminar en desastre.

El tipo de persona que se acercara resultaba indiferente. De hecho, Jesús partía de la base –como ponen de manifiesto las parábolas de la oveja perdida y de la dracma perdida (Q 15, 1-7 y Q 15, 8-10)– de que todos se habían extraviado y que su misión era recuperarlos. Como ha recogido el Evangelio de Lucas 5, 31-32, al igual que el médico atiende a los enfermos y no a los sanos, él había venido a buscar a los pecadores y no a los justos. De hecho, estaba dispuesto a abrir las puertas del Reino a los que no eran judíos si tenían la fe suficiente como para aceptar la oferta. Tal y como señala Q 13, 28 y ss., lo dramático iba a ser que muchos judíos, los «hijos del

Reino», se iban a quedar fuera, mientras que no judíos venidos de los cuatro puntos cardinales estarían a la mesa con Abraham, Isaac y Jacob.

El relato del centurión de Cafarnaum, cuyo criado fue sanado por Jesús, es otro ejemplo de esta misma perspectiva (Q 7, 2-10). Jesús llamaba a todos y, muy especialmente, a los perdidos y extraviados, una expresión que debemos considerar extensible a todos por cuanto aquellos que se consideraban buenos, al estilo de los fariseos, eran los que más lejos estaban de poder entrar en el Reino[2].

¿Qué sucedería con los que se excusaran, con los indiferentes, con los apáticos? Jesús da respuesta a esa pregunta en la parábola del banquete (Q 14, 15 y ss.), así como en otros pasajes: se quedarían fuera y padecerían el suplicio del infierno (Q 10, 15; 12, 5).

Ni siquiera Israel, el milenario pueblo de Dios, podía esperar otro juicio. Se le pediría cuenta de los profetas rechazados (Q 11, 49-51) y, finalmente, su Templo en Jerusalén sería arrasado (Q 13, 34-35) por no haber escuchado a Jesús.

Puede que una visión como ésta no encaje con el retrato acaramelado (y radicalmente falso) que algunas personas transmiten acerca de Jesús. Ya hemos hecho referencia a cómo cada época se forja su retrato de Jesús, y la nuestra no es una excepción. Dado que la tolerancia y la permisividad son dos valores especialmente apreciados en nuestro tiempo, pensamos que lo mismo sucedería con Jesús, pero es el que nos proporcionan las fuentes y, en este caso, el Documento Q. Jesús había venido a enfrentarse con las fuerzas demoníacas y a salvar a los perdidos. Habría gente que se excusaría, que no respondería o que consideraría suficiente (o incluso superior) su propia práctica religiosa. Éstos debían saber que tal actitud no sólo no era aceptable sino que además tendría como única cosecha la ruina eterna.

2. Un análisis muy lúcido de esta cuestión en J. Jeremias, *La promesa de Jesús para los paganos*, Madrid, Fax, 1974.

Si el aceptar a Jesús y seguirlo tenía como consecuencia la posesión del Reino que, un día, sería consumado, ¿qué significaba seguir a Jesús en términos prácticos?

No parece que Jesús fuera un legalista al uso. Ciertamente, insistió en la importancia de orar y enseñó a sus discípulos cómo hacerlo (Q 11, 1-4; 11, 5-13), incluso dio por bueno y vigente el contenido de la Torah (Q 16, 17). Pero al lado de esto se manifestó intolerablemente flexible en lo que al sábado se refería (Q 14, 1-6) y subordinó el mandato del diezmo a las cosas más importantes de la Ley de Dios, Su justicia y Su amor (Q 11, 42).

Del Documento Q se desprende que Jesús parece haber concebido la vida de sus seguidores –que sólo eran los que habían reconocido su situación pecaminosa y habían acudido a él arrepentidos y dispuestos a seguirle– girando en torno a tres ejes: la presencia del Espíritu Santo, la fe en el cuidado de Dios y el amor en un sentido radical del término.

Era una creencia común en la época de Jesús la de que ya no existía revelación del Espíritu Santo y que ésta quedaba reservada para los tiempos finales[3].

El concepto de Espíritu Santo (también Espíritu de Dios, Espíritu de Yahvé o simplemente Espíritu) no era nuevo en el judaísmo. De hecho, podía retrotraerse al Antiguo Testamento, donde aparece[4], en ocasiones, como un poderoso impulso procedente de

3. Al respecto, véase Salmo 74, 9; Apocalipsis de Baruc 85, 1-3; Tosefta de Sota 13, 2. Estudios sobre el tema en Strack-Billerbeck, *op. cit.;* IV-2, pp. 1229 y ss., y H. Gunkel, *Die Wirkungen des Heiliges Geistes nach der populären Anschauung des apostolischen Zeit und der Lehre des Apostels Paulus*, 1909, pp. 50 y ss.

4. P. van Immschoot, «L'action de l'Esprit de Jahvé dans l'Ancien Testament», *Rev. Sc. ph. th.*, 23, 1934, pp. 553-587; *idem*, «L'Esprit de Jahvé source de vie dans l'Ancien Testament», *RB*, 44, 1935, pp. 481-501; *idem*, «L'Esprit de Jahvé et l'alliance nouvelle dans l'Ancien Testament», *Ephem. Théol. Lovan*, 22, 1936, pp. 201-226; *idem*, «Sagesse et Esprit dans l'Ancien Testament», *RB*, 47, 1938, pp. 23-49; D. Lys, *Ruach: le Souffle dans l'Ancien Testament*, París, 1962; Y. Congar, *El Espíritu Santo*, Barcelona, Herder, 1983, pp. 29 y ss.

Dios (Jueces 13, 25; 14, 6); pero al que, en otros casos, se le atribuyen propiedades que presuponen una clara personalidad (I Samuel 10, 10; 11, 6; 19, 20), siendo incluso difícil no ver en el mismo una hipóstasis del mismo Dios (II Samuel 23, 2; Nehemías 9, 20; Salmo 104, 30; 139, 7; Isaías 40, 13; Ezequiel 8, 3; 11, 5; etc.). Esto último es claramente palpable en la literatura sapiencial (Job 32, 8; 33, 4; Sabiduría 1, 7; 8, 1[5]; etc.).

Tampoco eran novedosas las referencias acerca del hecho de cómo ese Espíritu se iba a derramar sobre toda carne en los últimos días extendiendo su acción a sectores inimaginables de la misma como las mujeres, los jóvenes, los ancianos o los esclavos (Joel 3), habitando en los corazones de los fieles (Ezequiel 36, 27; 37, 14).

El Documento Q muestra cómo Jesús ordenó a sus discípulos que pidieran el Espíritu Santo en la oración (Q 11, 13), ya que era lo mejor que podían recibir de Dios. Asimismo, resulta obvio (Q 10, 9 y ss.) que Jesús esperaba que sus discípulos predicaran su mensaje, pero que, a la vez, esa predicación fuera unida a fenómenos pneumáticos[6] como la curación de enfermos. El Espíritu Santo debía ser su guía (Q 12, 11-12), aunque podrían estar seguros de que la gente blasfemaría contra el mismo (Q 12, D 10). Lo primero, pues, que debía caracterizar a los seguidores de Jesús era una vivencia del Espíritu Santo que tendría como resultado manifestaciones de poder, pero de un poder espiritual, pneumático.

Esta vivencia tenía que manifestarse asimismo en una fe absoluta en el cuidado divino. El discípulo (Q 12, 22 y ss.) no debería agobiarse por el día de mañana ni tampoco por las posesiones ma-

5. De hecho, es difícil saber si el libro de la Sabiduría no llega a identificar a ésta con el Espíritu. En cualquiera de los casos, ambas realidades presentan un contenido hipostático. Al respecto, véase D. Colombo, «Pneuma Sophias eiusque actio in mundo in Libro Sapientiae», en *Studii Biblici Franciscani Liber Annuus, I*, 1950-1951, pp. 107-160; C. Larcher, *Études sur le Livre de la Sagesse*, París, 1969, pp. 329-414; M. Gilbert, «Volonté de Dieu et don de la sagesse (Sg 9, 17 sv)», *NRT*, 92, 1971, pp. 145-166.

6. El término deriva de *pneuma* (espíritu). Serían por lo tanto aquellos fenómenos cuyo origen puede retrotraerse al Espíritu Santo.

teriales o su seguridad personal. Si estaba viviendo la vida del Reino, debía confiar en que el Dios que se hacía cargo de vestir a las flores o alimentar a los pájaros haría lo mismo con él. Lo que primero debía buscar el discípulo era el Reino de Dios y una justicia digna del mismo. Lo otro ya lo daría Dios (Q 12, 31).

Finalmente, el discípulo debía llevar una vida de amor, entendiendo éste de una manera muy específica. Para empezar, el amor debería hacerse extensivo a los enemigos (Q 6, 27). No cabe duda de que esta enseñanza es propia de Jesús y no se da en ninguna otra enseñanza moral. Como mucho, tanto judíos como no judíos habían llegado a la fórmula, por otro lado admirable, de «no hagas a otro lo que no deseas que te hagan a ti». No es extraño porque, a fin de cuentas, ¿quién tiene deseo –no digamos capacidad humana– de amar a sus enemigos?

Pero la enseñanza de Jesús iba mucho más allá. Implicaba amar al enemigo, hacer el bien a los que nos aborrecen, bendecir a los que nos maldicen, orar por los que nos denigran y renunciar a todo tipo de violencia, incluida la defensiva. Se podrá argumentar, y así lo hizo en su día J. Klausner[7], que «esta ética individualista y extremista [...] ni la sociedad, ni el Estado, ni la nación estaban en condiciones de soportar[la]». Tal objeción es válida y, a juzgar por las fuentes, se corresponde con una interpretación rigurosamente exacta de la enseñanza de Jesús. Ciertamente, no hay Estado que pueda mantenerse en el principio de ofrecer la otra mejilla, orar por los enemigos o bendecir al que lo denigra. Pero con todo, ése es un tema que no debió de preocupar a Jesús, quien consideraba que todos los gobiernos estaban bajo el control del Diablo (Q 4, 5 y ss.).

Él se consideraba investido de una autoridad divina y presentaba ante el ser humano la opción de aceptarlo o rechazarlo. El que lo aceptara tendría que llevar una vida con arreglo al carácter del Dios predicado por Jesús, un Dios que era bueno y misericordioso incluso con los malos (Q 6, 35-36), y cuya mayor prueba de amor era que Jesús había venido en busca de los que se habían

7. J. Klausner, *Jesús de Nazaret*, *op. cit.*, p. 405.

extraviado (Q 15, 4-10). El uso de la violencia quedaba, por lo tanto, descartado.

El regreso del Hijo del hombre y la consumación de los tiempos

A todo lo anterior, hay que unir el hecho de que el Documento Q nos presenta la enseñanza de Jesús acerca de la consumación de los tiempos. Que Jesús previó un tiempo intermedio, de duración indeterminada, entre el inicio de su predicación y su regreso como Hijo del hombre para juzgar al mundo es algo que resulta difícil de cuestionar[8]. Parábolas como las del grano de mostaza y la levadura, que aparecen en Q 13, 18-21, hacen referencia a un inicio sencillo del Reino que sólo con el paso del tiempo llegaría a su consumación definitiva. No era original en este punto de vista porque el judaísmo también creía en un mesías que se manifestaría, para luego desaparecer y quedar oculto, y regresar finalmente. De nuevo, su originalidad radicó en afirmar que el personaje en cuestión era él.

En ese tiempo intermedio, deberían de producirse dos hechos de especial importancia. El primero sería el rechazo y la muerte de Jesús, mencionado en Q 17, 25. A menos que esto aconteciera, no se produciría la consumación. Como ya vimos en un capítulo anterior, esta visión era algo también presente en el canto del siervo de Isaías 53. Hasta que éste no hubiera muerto en expiación por los pecados, ni vería «luz», ni disfrutaría del resultado de su esfuerzo.

El segundo acontecimiento sería una persecución (Q 17, 22 y ss.) de los discípulos, una persecución en medio de la cual se les intentaría desorientar con anuncios falsos o de perspectivas engañosas. Si ellos se mantenían fieles, podrían contemplar el triunfo del Hijo del hombre en su venida.

8. En este mismo sentido, véase F. F. Bruce, *New Testament History, op. cit.*, p. 177.

La consumación sería entonces total. Los apóstoles juzgarían a las doce tribus de Israel (Q 22, 28-30) y los que hubieran aceptado el ofrecimiento de Jesús reinarían con él recibiendo su recompensa en los cielos, donde ya estaban escritos sus nombres (Q 6, 23; 10, 20; 12, 33). Para aquellos que no hubieran aceptado a Jesús o que se hubiesen apartado de la fidelidad plena a sus enseñanzas en este período intermedio sólo quedaría la horrible expectativa del juicio y la condenación (Q 10, 13-15; Q 12, 4-6; Q 17, 22 y ss.).

Conclusión

La enseñanza de Jesús, de acuerdo al Documento Q, se nos aparece cargada de sencillez y, al mismo tiempo, cubriendo todos los ángulos de la vida. De acuerdo con la misma, la humanidad yace bajo el control, más o menos evidente, del Diablo y sus demonios. Esta dinámica, sin embargo, venía a romperse con el inicio del ministerio de Jesús, un ministerio acompañado necesariamente de milagros y expulsiones de demonios que evidencian que el Diablo está siendo vencido y que el Reino ha llegado.

Pero la enseñanza de Jesús no se limita a enfrentarse con el Diablo. Insiste en que el ser humano está en una situación de extravío y de perdición. Él precisamente había venido para reunir a todos los extraviados, aunque fueran no judíos, a fin de llevarlos a Dios. Frente a esa llamada sólo cabe una respuesta: el arrepentimiento. La palabra griega original, *metanoia*, implica un cambio radical de mentalidad y no cabe la menor duda de que no era menos lo necesario para acometer el destino de seguir a Jesús.

Aquel que optara por el arrepentimiento, por volverse hacia Dios, por seguir a Jesús, entraría, según el Documento Q, en una dinámica vital diferente. Se convertiría en lo que, con expresión lucidísima, J. Driver denominó «militantes para un mundo nuevo»[9].

9. J. Driver, *Militantes para un mundo nuevo*, Barcelona, Ediciones Evangélicas Europeas, 1977.

Aunque de menor importancia, otra secta de la época del cristianismo primitivo la forman los esenios. «Viven sin mujeres –escribe Plinio–, sin dinero y sin ninguna compañía, salvo la de las palmeras.» No hay referencias sobre ellos en el Nuevo Testamento y no parece que mantuvieran el más mínimo contacto con Jesús. Una escisión de los esenios formó la comunidad que vivió en Qumran.

La teología específica de la secta de los zelotes se diferenciaba de la de los fariseos en que siempre se manifestaron partidarios de iniciar acciones armadas contra Roma (en la ilustración). Su radicalismo llegó a calar en ciertas capas de la población tanto por la incapacidad de la clase gobernante judía como por la rapacidad romana.

Más importancia que las sectas tienen, en el judaísmo del segundo Templo, sus instituciones religiosas, puesto que afectaban a todos los que vivían en Israel, Jesús y sus discípulos incluidos. Mientras el Templo y el Sanhedrín desaparecieron en el primer siglo de la era cristiana, la sinagoga permanecería como foco no sólo de la vida religiosa sino también social de los judíos en los siguientes siglos. (En la ilustración, *Jesús en la sinagoga con los doctores de la Ley.*)

Se trataría de una vivencia estrecha de la presencia del Espíritu Santo, de una confianza absoluta en la Providencia y de un amor tan ilimitado que incluiría al enemigo y rechazaría la violencia incluso en su forma defensiva. No se puede negar que esto implicaría una forma de vida que no puede ser sostenida por medios humanos y que, seguramente, Jesús consideró posible sólo en la medida en que existiera una relación muy fuerte con Dios, precisamente el Dios cuyo carácter debían manifestar los seguidores de Jesús que vivieran la vida del Reino.

Este Reino se consumaría un día con el regreso del Hijo del hombre. Como el grano de mostaza que se convierte en árbol, como la levadura que llena toda la masa, un día ese Reino se implantaría en toda la tierra. Entonces el drama cósmico llegaría a su fin, porque los que hubieran aceptado la llamada, judíos y no judíos, se sentarían a la mesa del banquete celestial, y los que no lo hubieran aceptado serían castigados eternamente.

Pero antes de que todo llegara a su consumación, el Hijo del hombre debería ser rechazado y morir llevando el pecado de los hombres sobre sí mismo; el Templo de Jerusalén debía ser asolado y los discípulos pasar por períodos de prueba en los que ansiarían el retorno de Jesús y escucharían engañosos cantos de sirena. Que aquel mensaje se mantuvo vivo entre los primeros seguidores de Jesús es indiscutible. Los mismos oraban a Jesús con fervor en el curso de sus reuniones específicas utilizando una expresión preñada de significado: *Maranaza* (Ven, Señor).

El Documento Q

TRADUCCIÓN

Q 3, 2

Juan vino a toda la región cercana al Jordán.

Q 3, 7-9

Y dijo a las multitudes que acudían a ser bautizadas por él: «¡Estirpe de víboras! ¿Quién os aconsejó que huyerais de la ira venidera? Dad fruto propio de arrepentimiento y no empecéis a decir dentro de vosotros mismos: "Tenemos a Abraham por padre"; porque yo os digo que de estas piedras Dios puede levantar hijos a Abraham. Ya está el hacha colocada junto a la raíz de los árboles. Por lo tanto, todo árbol que no da buen fruto es cortado y arrojado al fuego».

Q 3, 16B-17

Yo, ciertamente, os bautizo con agua, pero Aquel que viene después que yo –que es más fuerte que yo y cuyas sandalias no soy digno de desatar– os bautizará[1] en Espíritu Santo y fuego. Lleva en la mano el aventador para limpiar su era y reunir el trigo en su granero, y quemará la paja en un fuego inextinguible.

1. O «sumergirá».

Q 3, 21-22

Sucedió que cuando todo el pueblo era bautizado, también fue bautizado Jesús; y, mientras estaba orando, el cielo se abrió, y descendió el Espíritu Santo sobre él corporalmente, como una paloma, y vino una voz del cielo que decía: «Tú eres mi Hijo amado; en ti me complazco».

Q 4, 1-13

Jesús, lleno de Espíritu Santo, regresó del Jordán y fue llevado por el Espíritu al desierto, siendo tentado allí por el Diablo durante cuarenta días. Y no comió nada durante esos días, y cuando concluyeron, tuvo hambre. El Diablo le dijo: «Si eres Hijo de Dios, di a esta piedra que se convierta en pan». Y Jesús le contestó: «Está escrito: no sólo de pan vivirá el hombre». Lo condujo entonces [el Diablo] a Jerusalén, y lo situó en el pináculo del Templo y le dijo: «Si eres Hijo de Dios, lánzate desde aquí, porque está escrito: ordenará a sus ángeles que te guarden, y Te sostendrán sobre sus manos, para que no tropiece tu pie en piedra». Jesús le contestó: «Se dijo: no tentarás al Señor, tu Dios».

Entonces tomándolo el Diablo, le mostró todos los reinos de la Tierra en un instante, y le dijo: «A ti te daré toda esta autoridad y su gloria, porque me ha sido entregada y yo se la doy a quien quiero. Por lo tanto, si tú me adoras, será toda tuya». Y Jesús le contestó: «Está escrito: adorarás al Señor tu Dios y a Él sólo servirás».

Y habiendo concluido toda tentación, el Diablo se apartó de él hasta que llegara una ocasión más apropiada.

Q 6, 20-23, 24-26

En aquellos días, subió al monte a orar; y pasó la noche orando a Dios. Y cuando descendió, se detuvo en un lugar en compañía de una multitud de sus discípulos y de una gran muchedumbre de gente. Y alzando los ojos hacia sus discípulos, dijo:

Bienaventurados sois los pobres, porque vuestro es el reino de Dios.

Bienaventurados sois los que tenéis hambre, porque seréis saciados.

Bienaventurados sois los que lloráis, porque reiréis.

Bienaventurados sois cuando la gente os odie, y cuando os aparte de sí y os insulte, y rechace vuestro nombre como malo, a causa del Hijo del hombre.

Alegraos en ese día, y saltad de alegría, porque, ciertamente, vuestra recompensa es grande en el cielo; porque así hicieron sus antepasados[2] con los profetas. Pero ¡ay de vosotros, ricos, porque habéis recibido vuestra consolación!

¡Ay de vosotros que ya estáis llenos, porque estaréis hambrientos!

¡Ay de vosotros que ahora reís, porque os lamentaréis y lloraréis!

¡Ay de vosotros, cuando toda la gente hable bien de vosotros, porque igual se comportaron sus antepasados[3] con los falsos profetas!

Q 6, 27-35

Sin embargo, a los que escucháis os digo: «Amad a vuestros enemigos, haced bien a los que os odian, bendecid a los que os maldicen, orad por los que os calumnian».

Cuando alguien te golpee en la mejilla derecha, ofrécele también la otra; y si alguno te quita el manto, no le niegues la túnica.

Da a todo el que te pida; y al que te quite tus pertenencias, no le pidas que te las devuelva.

Y así como deseáis que os hagan los hombres, hacedles vosotros igualmente.

2. Lit.: «padres».
3. Lit.: «padres».

Porque si amáis a los que os aman, ¿qué hacéis de particular? Porque hasta los pecadores aman a los que los aman. Y si hacéis bien a los que os hacen bien, ¿qué hacéis de particular? También hacen lo mismo los pecadores.

Y si prestáis a aquellos de los que esperáis recibir el pago, ¿qué hacéis de particular? También los pecadores prestan a los pecadores porque esperan recibir lo mismo.

Más bien, amad a vuestros enemigos, y haced bien, y prestad, sin esperar nada; y vuestra recompensa será grande, y seréis hijos del Altísimo, porque Él es bueno [también] con los ingratos y los malos.

Q 6, 36-37B, 38 C

Sed misericordiosos, como vuestro Padre es misericordioso.

No juzguéis y no seréis juzgados. No condenéis y no seréis condenados. Perdonad y seréis perdonados. Dad y se os dará. Colocará en vuestro regazo una medida llena, apretada, removida, rebosante. Porque con la medida con que midáis, seréis medidos.

Q 6, 39B-40

¿Acaso puede un ciego guiar a otro ciego? ¿No caerán ambos en un hoyo?

Un discípulo no puede estar por encima de su maestro, pero todo aquel que reciba una educación completa será como su maestro.

Q 6, 41-42

¿Por qué miras la paja que está en el ojo de tu hermano, y no ves la viga que está en tu propio ojo? ¿Cómo puedes decir a tu hermano: «Déjame que te quite la paja que tienes en el ojo», cuando tú mismo no ves la viga que está en tu propio ojo? Hipócrita, saca primero la viga de tu ojo, y entonces verás para poder quitar la paja que está en el ojo de tu hermano.

Q 6, 43-45

Porque ningún árbol bueno da mal fruto, ni tampoco un árbol podrido da buen fruto, sino que se puede conocer cada árbol por su propio fruto. Porque no se recogen higos de los espinos, ni se cosechan uvas de los zarzales.

El hombre bueno del tesoro bueno del corazón saca lo que es bueno; y el hombre malo saca lo que es malo del mal tesoro de su corazón; porque la boca habla de acuerdo a lo que tiene el corazón en abundancia.

Q 6, 46-49

¿Por qué me llamáis «Señor, Señor» y no hacéis lo que os digo?

Os mostraré a qué se asemeja todo aquel que viene a mí y escucha mis palabras y las pone en práctica. Es como un hombre que al edificar una casa, cavó y ahondó y colocó el cimiento sobre la roca; y cuando llegó la riada, el torrente se estrelló contra aquella casa, pero no la pudo derribar, porque estaba cimentada sobre la roca.

Pero aquel que las escucha y no las pone en práctica es como una persona que edificó una casa sin cimientos sobre un terreno. El torrente se estrelló contra ella e, inmediatamente, se vino abajo, y la ruina de aquella casa fue grande.

Q 7, 1-10

Y después de haber terminado de pronunciar todas sus palabras a oídos de la gente, entró en Cafarnaum[4]. Había [allí] cierto cen-

4. O Capernaum.

turión que tenía un siervo, al que apreciaba mucho, enfermo y a punto de morir. Cuando oyó hablar de Jesús, le envió ancianos de los judíos, para que le pidieran que viniera a sanar a su siervo. Cuando [éstos] llegaron ante Jesús, se lo rogaron insistentemente, diciendo: «Es digno de que se lo concedas, porque ama a nuestro pueblo y hasta nos ha edificado una sinagoga a sus expensas». Jesús fue con ellos.

Cuando estaba ya a no mucha distancia de la casa, el centurión le envió unos amigos para decirle: «Señor, no te molestes, porque yo no soy digno de que entres bajo mi techo. Por eso, no me considero digno de salir a tu encuentro[5]. Pero di una palabra, y mi siervo se curará. Porque yo mismo soy un hombre situado bajo una autoridad, con soldados que me están subordinados, y digo a uno: "Ve" y va; y al otro: "Ven", y viene; y a mi siervo: "Haz esto", y lo hace».

Cuando Jesús escuchó esto, se maravilló de él, y volviéndose a la multitud que le seguía, dijo: «Os digo que no he encontrado una fe así ni siquiera en Israel».

Y cuando regresaron a la casa los que habían sido enviados encontraron que el siervo había sido sanado.

Q 7, 18-23

Los discípulos de Juan[6] le contaron todas aquellas cosas y Juan, llamando a dos de sus discípulos, los envió al Señor para que le dijeran[7]: «¿Eres tú el que ha de venir o tenemos que esperar a otro?». Cuando los hombres llegaron, le dijeron: «Juan el Bautista nos envió a ti diciendo: "¿Eres tú el que ha de venir o tenemos que esperar a otro?"».

5. Lit.: «hasta ti».
6. Se refiere a Juan el Bautista, véase Mateo 11, 2-6.
7. Lit.: «diciendo».

En esa misma hora sanó a muchos de enfermedades y dolencias, y de espíritus inmundos, y dio la vista a muchos ciegos.

Y él les respondió: «Id y decid a Juan lo que habéis visto y oído: los ciegos recuperan la vista, los cojos caminan, los leprosos son limpiados, los sordos oyen, los muertos son resucitados y el Evangelio es anunciado a los pobres; y bienaventurado es aquel que no halla ocasión de tropiezo en mí».

Q 7, 24-28

Cuando los mensajeros de Juan se hubieron marchado, comenzó a hablar a las muchedumbres en relación a Juan: «¿Qué salisteis a ver en el desierto? ¿Una caña sacudida por el viento? ¿Un hombre vestido con ropas lujosas? Ciertamente los que llevan ropas lujosas están en los palacios de los reyes. Entonces, ¿qué salisteis a ver? ¿Un profeta? Sí, os digo, y más que un profeta. Éste es aquel del que está escrito:

»"He aquí que envío mi mensajero delante de tu rostro, el cual preparará tu camino delante de ti."

»Os digo que entre todos los nacidos de mujer no hay ninguno mayor que Juan, pero el más pequeño en el Reino de Dios es mayor que él».

Q 7, 31-35

¿A qué compararé a la gente de esta generación[8] y a qué se asemeja?

Son como los niños sentados en la plaza que se dicen los unos a los otros:

«Os tocamos la flauta y no danzasteis; os entonamos una lamentación y no os lamentasteis.» Porque Juan el Bautista no co-

8. O estirpe.

mía pan ni bebía vino, y decís: «Tiene un demonio». El Hijo del hombre vino comiendo y bebiendo, y decís: «Ése es un comilón y un borracho, un amigo de los recaudadores de impuestos y de los pecadores». Sin embargo, la Sabiduría es declarada justa por todos sus hijos.

Q 9, 57-62

Y mientras iban por el camino, alguien le dijo: «Te seguiré adonde quiera que vayas». Y Jesús le dijo: «Las zorras tienen guaridas y las aves del cielo tienen nidos; pero el Hijo del hombre no tiene dónde apoyar la cabeza».

Y a otro le dijo: «Sígueme». Pero éste le dijo: «Señor, déjame que vaya antes a enterrar a mi padre». Y Jesús le dijo: «Deja que los muertos entierren a sus muertos».

También le dijo otro: «Te seguiré, Señor, pero déjame primero despedirme de los que están en mi casa». Jesús le dijo: «Nadie que pone su mano en el arado y mira hacia atrás es apto para el Reino de Dios».

Q 10, 2-12

Y dijo entonces a sus discípulos: «La mies es mucha, pero los trabajadores son pocos. Rogad por lo tanto al señor de la mies que envíe trabajadores a su mies.

»Ciertamente, os envío como a ovejas en medio de lobos.

»No llevéis bolsa, ni alforja, ni calzado; y no os detengáis a saludar a nadie por el camino.

»En cualquier casa donde entréis, decid en primer lugar: "La paz sea con esta casa". Y si vive allí algún hijo de paz, vuestra paz descansará sobre él, pero si no es así, volverá de nuevo a vosotros.

»Quedaos en la misma casa, comiendo y bebiendo lo que os

ofrezcan, porque el trabajador es digno de su salario. No vayáis de casa en casa.

»Y si entráis en una ciudad y se os da la bienvenida, comed lo que os presenten; y sanad a los enfermos que haya en ella y decidles: "El Reino de Dios se ha acercado a vosotros". Pero en cualquier ciudad donde entréis y no se os dé la bienvenida, salid por las calles y decid: "Sacudimos contra vosotros hasta el polvo que se ha pegado a nuestros pies; pero sabed que el Reino de Dios se ha acercado a vosotros". Os digo que en aquel día[9] será más tolerable el castigo de Sodoma que el de esa ciudad».

Q 10, 13-15

«¡Ay de ti, Corazín! ¡Ay de ti, Betsaida! Porque si los milagros realizados en vosotras hubieran sido hechos en Tiro y Sidón, hace mucho tiempo que se hubieran arrepentido, vistiéndose de saco y cenizas. Por eso, será más tolerable el castigo de Tiro y Sidón en el juicio que el vuestro. Y tú, Cafarnaum, ¿serás exaltada hasta el cielo? ¡Al Hades[10] descenderás!»

Q 10, 16

«Cualquiera que os escucha a vosotros, a mí me escucha, y cualquiera que os rechaza a vosotros, a mí me rechaza; y el que me rechaza a mí, rechaza al que me envió.»

Q 10, 21-22

En aquella misma hora Jesús se regocijó en el Espíritu Santo y dijo: «Te alabo, Padre, Señor del cielo de la tierra, porque has ocultado

9. El día del Juicio.
10. En este caso, tiene la acepción de lugar de castigo consciente y eterno.

estas cosas de los sabios y de los instruidos, y se las has revelado a los niños. Sí, Padre, porque así resultó de Tu agrado. Todas las cosas me han sido entregadas por mi Padre; y nadie conoce al Hijo salvo el Padre, ni al Padre salvo el Hijo y aquel a quien el Hijo desea revelárselo».

Q 10, 23-24

«¡Bienaventurados son los ojos que ven lo que vosotros veis! Porque os digo que muchos profetas y reyes desearon ver lo que vosotros veis y no lo vieron, y desearon oír lo que vosotros oís, y no lo oyeron.»

Q 11, 2-4

Les dijo: «Cuando oréis, decid: "Padre, santificado sea Tu nombre; venga Tu reino; danos hoy nuestro pan cotidiano; y perdónanos nuestras deudas, igual que nosotros perdonamos a nuestros deudores; y no nos sometas a prueba»[11].

Q 11, 9-13

«Pedid y se os dará; buscad y hallaréis; llamad y se os abrirá. Porque todo el que pide recibe, y el que busca halla, y al que llama se le abre.

»¿Qué padre de entre vosotros, si su hijo le pide un pescado, le dará una piedra, o si le pide un huevo, le dará un escorpión? Por lo tanto, si vosotros, siendo egoístas, sabéis dar cosas buenas a vuestros hijos, ¡cuánto más vuestro Padre celestial dará el Espíritu Santo a los que se lo pidan!»

11. O: «No nos conduzcas a la tentación».

Q 11, 14-23

Y estaba arrojando un demonio que provocaba la mudez[12], cuando el demonio salió, el mudo se puso a hablar y la gente se maravilló. Pero algunos de ellos decían: «Por Belcebú, el príncipe de los demonios, expulsa a los demonios». Otros, para tentarlo, le pedían una señal del cielo. Pero él, conociendo sus pensamientos, les dijo: «Todo reino dividido contra sí mismo es devastado, y una casa dividida contra sí misma se hundirá. Y si Satanás expulsa a Satanás, es que él está dividido contra sí mismo y entonces ¿cómo resistirá su reino? Y si yo arrojo a los demonios por Belcebú, ¿por medio de quién los arrojan vuestros hijos? Por lo tanto, ellos serán vuestros jueces. Pero si es por el dedo de Dios que yo expulso a los demonios, entonces es que el Reino de Dios ha llegado».

«Cuando un hombre fuerte, convenientemente armado, guarda su palacio, sus posesiones están seguras; pero cuando uno más fuerte viene y lo vence, le arrebata entonces la armadura en que confiaba y reparte el botín.»

«El que no está conmigo está contra mí, y el que no recoge conmigo desparrama.»

Q 11, 24-28

«Cuando el espíritu inmundo sale del hombre, va por lugares áridos buscando un sitio donde reposar, y, al no hallarlo, dice: "Regresaré a mi casa de donde salí". Y cuando vuelve, la encuentra barrida y arreglada. Entonces va y toma otros siete espíritus peores que él, y entran y moran allí; y la situación última de aquella persona es aún peor que la inicial.»

Mientras decía estas cosas, una mujer de la muchedumbre levantó la voz y le dijo: «¡Bienaventurado sea el vientre que te

12. Lit.: «que era mudo».

llevó y los pechos de los que mamaste!». Y Jesús dijo: «Bienaventurados son más bien los que escuchan la palabra de Dios y la guardan».

Q 11, 16, 29-32

Otros, para tentarle, le pedían una señal del cielo. Al comenzar a juntarse las multitudes, comenzó a decir: «Esta generación es una generación mala. Busca una señal, y no se le dará ninguna señal salvo la señal de Jonás. Porque igual que Jonás fue un signo para los habitantes de Nínive, igualmente lo será el Hijo del hombre para esta generación».

«La reina del Sur se alzará en el juicio con los hombres de esta generación y los condenará; porque ella vino desde los confines de la tierra para escuchar la sabiduría de Salomón, y ciertamente aquí hay algo más grande que Salomón.»

«Los ninivitas se alzarán en el juicio con esta generación y la condenarán; porque ellos se arrepintieron a causa de la predicación de Jonás y, ciertamente, aquí hay algo más grande que Jonás.»

Q 11, 33-36

«Nadie coloca una luz encendida en un sitio oculto o bajo un almud, sino en el candelero, para que aquellos que entran puedan ver la luz.»

«La lámpara del cuerpo es el ojo; cuando el ojo es generoso, todo el cuerpo está lleno de luz; pero cuando es mezquino, el cuerpo está lleno de tinieblas. Cuídate, por lo tanto, de que la luz que hay en ti no sea tinieblas. Por lo tanto, si todo tu cuerpo está lleno de luz, sin tener parte oscura, estará completamente iluminado, como cuando una lámpara te alumbra con su resplandor.»

Cuando terminó de hablar, le rogó un fariseo que comiera con él; y entrando Jesús en la casa, se puso a la mesa. El fariseo, cuando lo vio, se extrañó de que Jesús no se hubiera lavado antes de comer. Pero el Señor le dijo: «Lo cierto es que vosotros los fariseos limpiáis el exterior del vaso y del plato, pero en vuestro interior estáis llenos de rapacidad y maldad. ¡Necios! ¿El que hizo el exterior, no hizo también el interior? Entregad vuestro interior[13] y entonces todo será limpio.

»¡Ay de vosotros, escribas y fariseos, porque diezmáis la menta y la ruda y toda verdura, y descuidáis la justicia y el amor de Dios! De esto último deberíais ocuparos sin dejar por ello lo otro.

»¡Ay de vosotros, fariseos, que amáis los primeros puestos en las sinagogas, y los saludos en las plazas!

»¡Ay de vosotros, escribas y fariseos, hipócritas, que sois como los sepulcros que no se ven, de manera que los que los pisan, lo hacen sin saberlo!»

En respuesta, le dijo uno de los intérpretes de la Ley: «Maestro, al decir esto, también nos ofendes a nosotros».

Y él dijo: «¡Ay de vosotros también, intérpretes de la Ley, porque cargáis a la gente con cargas que no pueden soportar, mientras que vosotros no tocáis las cargas ni siquiera con un dedo!

»¡Ay de vosotros, que construís los sepulcros de los profetas que mataron vuestros padres! Así sois testigos y consentidores de las acciones de vuestros padres, porque ellos los mataron y vosotros construís sus sepulcros».

Por eso, la Sabiduría de Dios dijo: «Les enviaré profetas y apóstoles, y a algunos de ellos los matarán y a otros los perseguirán, para que se reclame de esta estirpe[14] la sangre de todos los profetas que ha sido derramada desde la fundación del mundo, desde la sangre de Abel a la sangre de Zacarías, que fue asesinado

13. O: «dad limosnas de lo que tenéis dentro».
14. O: «generación».

entre el altar y el santuario. En verdad os digo que se reclamará a esta estirpe.

»¡Ay de vosotros, intérpretes de la Ley, porque os habéis apoderado de la llave del conocimiento! Vosotros mismos no entrasteis, e impedisteis que lo hicieran aquellos que lo deseaban».

Q 12, 2-3

«Nada hay encubierto que no haya de ser revelado, ni nada oculto que no llegue a conocerse. Por lo tanto, lo que habléis en las tinieblas, será oído a la luz, y lo que habéis susurrado al oído en habitaciones secretas, será proclamado desde las azoteas.»

Q 12, 4-7

«Yo os digo, amigos míos, que no temáis a los que matan el cuerpo y después no pueden hacer nada más. Voy a señalaros a quién debéis temer. Temed a aquel que, después de haber matado, tiene poder para arrojar en la Gehenna[15]. Sí, os digo, ¡a ése temed!

»¿Acaso no se venden cinco pajarillos por dos assaria[16]? Aun así, Dios no se ha olvidado de ninguno de ellos. Pues incluso los cabellos de vuestra cabeza están contados. No temáis, porque vosotros valéis más que muchos pajarillos.»

Q 12, 8-9

«Os digo que todo aquel que me confiese delante de los hombres, el Hijo del hombre también lo confesará delante de los ángeles de

15. Lugar de castigo eterno y consciente destinado para los condenados. Equivale a «infierno».

16. Monedas de escasa cuantía.

Dios; pero cualquiera que me niegue delante de los hombres, será negado delante de los ángeles de Dios.»

Q 12, 10

«Todo el que dijere una palabra contra el Hijo del hombre será perdonado; pero aquel que blasfeme contra el Espíritu Santo no será perdonado.»

Q 12, 11-12

«Cuando os llevaren ante las sinagogas, y ante los gobernantes y las autoridades, no os preocupéis por cómo o qué debéis contestar o qué tenéis que decir; porque el Espíritu Santo os enseñará en la misma hora lo que debéis decir.»

Q 12, 13-14, 16-21

Alguien de la multitud le dijo: «Maestro, di a mi hermano que divida la herencia conmigo». Pero él le dijo: «Hombre, ¿quién me ha puesto como juez o partidor sobre vosotros?».

Y les dijo: «Mirad, guardaos de toda avaricia; porque la vida del hombre no consiste en la abundancia de bienes que posee».

También les refirió una parábola, diciendo: «La propiedad de un hombre rico produjo en abundancia, y pensó para sus adentros, diciendo: "¿Qué voy a hacer? Porque ya no tengo dónde guardar las cosechas". Y dijo: "Esto es lo que voy a hacer. Derribaré mis graneros y construiré otros mayores y almacenaré allí todo mi grano y mis posesiones; y diré a mi alma: 'Alma, tienes muchas cosas almacenadas para muchos años. Descansa, come, bebe, diviértete'". Pero Dios le dijo: "¡Necio! Esta noche te pedirán tu alma, y ¿de quién será todo lo que has preparado?”. Así es aquel que hace un tesoro para sí, y no es rico para con Dios».

Q 12, 22-31

Dijo después a sus discípulos: «Por tanto os digo: no tengáis ansiedad por vuestra vida, por lo que comeréis, o por vuestro cuerpo, por lo que vestiréis. La vida vale más que la comida y el cuerpo más que el vestido. Considerad los cuervos. No siembran, ni siegan, ni tienen almacenes o graneros, y Dios los alimenta. ¿Acaso no valéis vosotros mucho más que las aves? ¿Quién de vosotros, a fuerza de preocuparse, conseguirá añadir un palmo[17] a su estatura? Y si no podéis lograr una cosa tan pequeña, ¿por qué os preocupáis por otras?

»Considerad los lirios, cómo crecen. No trabajan ni hilan, pero os digo que ni Salomón con toda su gloria se vistió como uno de ellos. Y si Dios viste así la hierba que hoy está en el campo y que mañana es arrojada al horno, ¡cuánto más os vestirá a vosotros, hombres de poca fe!

»Vosotros, por lo tanto, no os preocupéis por lo que comeréis o lo que beberéis, ni os dejéis llevar por la ansiedad. Porque los paganos[18] buscan estas cosas pero vuestro Padre ya sabe que las necesitáis. Buscad, por lo tanto, el Reino de Dios y todas estas cosas os serán añadidas».

Q 12, 33-34

«Vended lo que poseéis y dad limosna. Procuraos bolsas que no se envejezcan, un tesoro inagotable en los cielos, donde no llega ningún ladrón ni causa destrozos ninguna polilla.»

17. Lit.: «un codo».
18. Lit.: «las gentes del mundo».

Q 12, 35-38

«Estén ceñidas vuestras cinturas[19] y encendidas vuestras lámparas, y sed como gente que espera que su señor regrese a casa procedente de unas bodas, para que cuando llegue y llame, puedan abrirle inmediatamente la puerta. Bienaventurados son aquellos siervos a los que su señor encuentre velando cuando venga. En verdad os digo que se ceñirá, y hará que se pongan a la mesa y vendrá a servirlos.

»Y aunque venga en la segunda vigilia, o en la tercera, si los encuentra así, bienaventurados son aquellos siervos.»

Q 12, 39-40

«Pero sabed que si el padre de familia supiera en qué momento de la noche va a venir el ladrón, vigilaría y no permitiría que le abrieran[20] la casa. Vosotros también tenéis que estar preparados porque el Hijo del hombre viene a una hora que no esperáis.»

Q 12, 42B-46

«¿Quién es el mayordomo fiel y sabio a quien su señor pone a cargo de la casa para que les dé su alimento al tiempo debido? Bienaventurado es aquel siervo al que su señor, cuando venga, encuentre actuando de esa manera. En verdad os digo que le colocará al cuidado de todas sus posesiones. Pero si ese siervo se dice a sí mismo: "Mi señor se retrasa", y empieza a golpear a los demás siervos y siervas, y a comer y a beber y a emborracharse, el señor de aquel siervo vendrá el día que no lo espera, y a una hora que no sabe, y le castigará severamente y le dará un lugar junto con los hipócritas.»

19. Lit.: «vuestros lomos».

20. Lit.: «horadaran» o «perforaran». Se refiere a la acción de abrir un boquete en un muro para entrar en el interior del edificio y robar.

Q 12, 49-53

«He venido a prender fuego a la tierra, y ¿qué más puedo desear, puesto que ya se ha encendido?

»Tengo que ser bautizado con un bautismo y me siento agobiado hasta que eso suceda.

»¿Creéis que he venido a traer la paz a la tierra? Pues os digo que no. He venido a traer división. Porque desde ahora en adelante si hay cinco en una casa se encontrarán divididos: tres contra dos y dos contra tres. Estarán divididos el padre contra el hijo y el hijo contra el padre; la madre contra la hija y la hija contra la madre; la suegra contra la nuera y la nuera contra la suegra.»

Q 12, 54-56

Y decía también a las multitudes: «Cuando veis una nube que se alza por el oeste, rápidamente decís: "Va a llover"; y así sucede.

»Y cuando sopla el viento del sur, decís: "Hará calor"; y así sucede.

»¡Hipócritas! Sabéis cómo interpretar la apariencia de la tierra y del cielo, ¿por qué no sabéis entonces interpretar esta época?»[21].

Q 12, 57-59

«¿Por qué no juzgáis por vosotros mismos lo que es justo?

»Cuando vayas al juez junto con tu oponente, procura llegar a un arreglo con él mientras vais de camino, no sea que te arrastre al juez, y el juez te entregue al alguacil, y el alguacil te arroje en prisión.

»Te digo que no saldrás de allí hasta que hayas pagado hasta el último cuadrante[22].»

21. Lit.: «tiempo».
22. Moneda de escaso valor.

Además de su atractivo «ideológico», el judeocristianismo palestino resultaba particularmente atractivo –en contraste con el fariseísmo– por su «flexibilidad» hacia ciertos sectores de las clases medias (los recaudadores de impuestos y los jornaleros, entre otros, *derecha* y *abajo*) que componían la inmensa mayoría de la población. Sin dejar por ello fuera de su foco de atención a los miembros de las clases altas.

El Documento Q centraba la descripción de Jesús como «siervo» e «Hijo del hombre». Un siervo que sus contemporáneos asociaban con la humildad y con un mesías pacífico, justo y no resistente, que moría en expiación por el pecado de otros *(izquierda)*. Un Hijo del hombre que llamaba a la gente a seguirle advirtiéndoles que ese seguimiento implicaría críticas y mofas *(derecha)*.

Q 13, 18-21

Y dijo: «¿A qué es semejante el Reino de Dios y a qué lo compararé?

»Es como un grano de mostaza que alguien tomó y arrojó en su propio huerto, y creció y se convirtió en un árbol y las aves del cielo hicieron sus nidos en las ramas».

Y volvió a decir:

«El Reino de Dios es como levadura que una mujer tomó y escondió en tres medidas de harina, hasta que toda la masa quedó fermentada.»

Q 13, 24-27

«Esforzaos por entrar por la puerta estrecha; porque os digo que muchos intentarán entrar y no podrán.

»Una vez que el padre de familia se haya levantado y haya cerrado la puerta, empezaréis a llamar a la puerta desde fuera, diciendo: "Señor, ábrenos". Él os contestará: "No sé de dónde sois".

»Entonces comenzaréis a decir. "Comimos y bebimos contigo, y tú enseñaste en nuestras calles".

»Y él os dirá: "Os digo que no sé de dónde sois. Apartaos de mí todos vosotros, hacedores de maldad".»

Q 13, 28-30

«Y vendrá gente del este y del oeste y del norte y del sur y estarán a la mesa en el Reino de Dios.

»Y habrá llanto y crujir de dientes, cuando veáis a Abraham y a Isaac y a Jacob y a todos los profetas en el Reino de Dios, mientras vosotros quedáis excluidos.

»Y, ciertamente, aquellos que son los primeros, serán los últimos, y aquellos que son los últimos, serán los primeros.»

Q 13, 31-33[23]

Llegaron unos fariseos y le dijeron: «Sal y márchate de aquí, porque Herodes desea matarte».

Y Jesús les dijo: «Id y decid a esa zorra[24]: "Ciertamente, expulso demonios y realizo curaciones hoy y mañana, y al tercer día concluyo mi obra.

»"Sin embargo, es preciso que hoy y mañana y pasado mañana continúe mi camino; porque no es posible que un profeta muera fuera de Jerusalén"».

Q 13, 34-35

«¡Jerusalén, Jerusalén, que matas a los profetas y apedreas a los que te son enviados! ¡Cuántas veces he deseado reunir a tus hijos, como la gallina a sus polluelos debajo de sus alas, y no quisiste! Ciertamente, vuestro Templo será desolado. Pero os digo que no me veréis hasta que venga el tiempo en que digáis: "Bendito el que viene en el nombre del Señor".»

Q 14, 1-6

Sucedió un sábado, que había entrado a comer en casa de un gobernante, que era fariseo. Éstos lo vigilaban.

Y sucedió que había delante de él un hombre hidrópico.

Entonces Jesús dijo a los intérpretes de la Ley y a los fariseos: «¿Es lícito curar en sábado?».

Pero ellos callaron. Y él, tomándolo, lo sanó y lo despidió.

Y dirigiéndose a ellos, les dijo: «¿Quién de vosotros, si su asno

23. La adscripción de este pasaje a Q no es del todo segura.

24. En el sentido de astucia pero también, posiblemente, de insignificancia.

o su buey cae en un pozo, no lo saca inmediatamente, aunque suceda en sábado?».

Y no le podían contestar a estas palabras.

Q 14, 11-18: 14B

«Porque todo el que se ensalza será humillado, y el que se humilla será ensalzado.

»Porque todo el que se ensalza será humillado, pero el que se humilla será ensalzado.»

Q 14, 16-24

Entonces Jesús le dijo: «Cierto hombre dio un gran banquete, e invitó a muchos, y envió a su siervo a la hora del banquete a decir a los invitados: "Venid, que ya está todo preparado".

»Y uno a uno comenzaron a presentar sus excusas. El primero le dijo: "He comprado una hacienda y tengo que ir a inspeccionarla. Te suplico que me disculpes".

»Y otro dijo: "He comprado cinco yuntas de bueyes, y tengo que probarlos. Te suplico que me disculpes".

»Y otro dijo: "Acabo de casarme y por tanto no puedo ir".

»Y el siervo vino y se lo dijo a su señor. Entonces el padre de familia se encolerizó y dijo a su siervo: "Sal a las plazas y a las calles de la ciudad y trae a los pobres, a los mancos, a los cojos y a los ciegos".

»Y el siervo dijo: "Señor, he hecho lo que me mandaste, y todavía queda sitio". Y el señor le dijo al siervo: "Sal por los caminos y las sendas y hazles entrar para que se llene mi casa. Porque te digo que ninguno de los que fueron invitados disfrutará de mi banquete"».

Q 14, 26-27; 17, 33

«Si alguno acude a mí, y no me prefiere[25] a su padre y a su madre, a su esposa y a sus hijos, a sus hermanos y a sus hermanas, e incluso a su propia vida, no puede ser mi discípulo.

»El que no toma su cruz y me sigue no puede ser mi discípulo.

»El que procura salvar su vida la perderá, pero el que la pierda, la salvará.»

Q 14, 34-35

«La sal es buena; pero si la sal se vuelve insípida, ¿con qué se le podrá devolver el sabor?

»No sirve ni para la tierra ni para el muladar. La tiran. El que tiene oídos para oír que oiga.»

Q 15, 4-10

«¿Qué hombre hay entre vosotros que teniendo cien ovejas, si pierde una de ellas, no deja las noventa y nueve en el desierto y va en busca de la perdida hasta que la encuentra? Y encontrándola, la coloca sobre sus hombros, lleno de alegría, y volviendo a casa, invita a sus amigos y vecinos, diciéndoles: "Alegraos conmigo, porque he encontrado a mi oveja que se había perdido".

»De igual manera os digo que habrá más alegría en el cielo por un pecador que se arrepiente que por noventa y nueve justos que no necesitan arrepentimiento.

»¿Qué mujer que tiene diez dracmas, si pierde una dracma, no enciende la lámpara y barre la casa y busca diligentemente hasta que la encuentra? Y al encontrarla, invita a sus amigos y vecinos,

25. Lit.: «aborrece». Se trata de un semitismo con el significado de «preferir» o «anteponer».

diciendo: "Alegraos conmigo, porque he encontrado la dracma que se había perdido".

»De igual manera, os digo que se alegrarán los ángeles de Dios por un pecador que se arrepiente.»

Q 16, 13

«Nadie puede servir a dos señores, porque u odiará a uno y amará al otro, o será leal a uno y despreciará al otro. No podéis servir a Dios y al dinero.»

Q 16, 16-18

«La Ley y los profetas fueron hasta Juan. Desde entonces es proclamado el Reino de Dios, y todos se oponen a él con violencia.

»Pero es más fácil que pasen el cielo y la tierra que no que caiga una tilde de la Ley.

»Todo aquel que se divorcia de su esposa y se casa con otra comete adulterio, y el que se casa con una divorciada es un adúltero.»

Q 17, 1-2

«Es imposible que no se produzcan tropiezos, pero ¡ay de aquel por quien vengan! Sería mejor para él que le colgaran del cuello una piedra de molino y lo arrojaran al mar, que el haber hecho extraviarse a uno de estos pequeños.»

Q 17, 3B-4

«Si tu hermano peca, repréndele, y si se arrepiente, perdónale. Y si peca contra ti siete veces al día y se vuelve a ti las siete veces diciendo: "Me arrepiento", perdónale.»

Q 17, 6B

«Si tenéis fe como un grano de mostaza, podríais decir a este sicómoro: "Desarráigate y plántate en el mar", y os obedecería.»

Q 17, 23-27

«Os dirán: "Aquí está o allí está". No vayáis ni los sigáis. Porque igual que el relámpago resplandece desde un extremo del cielo hasta el otro, así será también el Hijo del hombre en su día. Pero antes es necesario que sufra mucho y sea rechazado por esta generación. Y le dijeron: "¿Dónde, Señor?" y les dijo: "Donde está el cuerpo, se juntan los buitres"[26].

»En los días del Hijo del hombre sucederá como aconteció en los días de Noé. Comían, bebían, se casaban y se daban en matrimonio, hasta el día en que Noé entró en el arca, y vino el diluvio y los destruyó a todos.

»Igual sucedió en los días de Lot. Comían, bebían, compraban, vendían, plantaban, construían; pero el día en que Lot salió de Sodoma llovió del cielo fuego y azufre, y los destruyó a todos.

»Aquel día, el que esté en la azotea, y sus bienes se encuentren en casa, que no baje a por ellos; y el que se encuentre en el campo, que no vuelva.

»Acordaos de la mujer de Lot.

»Todo el que intente salvar su vida, la perderá; y todo el que la pierda, la salvará.

»Os digo que en aquella noche habrá dos personas en una cama. Una será tomada y la otra será dejada.

»Dos mujeres estarán moliendo juntas; una será tomada y la otra será dejada.»

26. O «águilas». ¿Quizá una referencia a los estandartes romanos?

Por lo tanto, dijo: «Un hombre noble se fue a un país lejano, para recibir un reino, y después regresar.

»Y llamando a diez siervos suyos, les dio diez minas[27] y les dijo: "Negociad con ellas en lo que regreso".

»Y sucedió que cuando regresó, tras haber recibido su reino, dio la orden de llamar a estos siervos a los que había entregado el dinero, para saber cómo había negociado cada uno con él.

»El primero vino y le dijo: "Señor, tu mina ha producido diez minas". Y él le dijo: "Bien hecho, buen siervo. Porque fuiste digno de confianza en lo poco, tendrás autoridad sobre diez ciudades".

»Y el segundo vino y le dijo: "Señor, tu mina ha producido cinco minas". Y él le dijo también a éste: "Tú estarás sobre cinco ciudades".

»Y el otro vino y le dijo: "Señor, aquí está tu mina. La he tenido guardada en un pañuelo, porque tenía miedo de ti. Porque eres un hombre severo, que sacas de donde no pusiste, y cosechas de donde no sembraste".

»Él le dijo: "¡Mal siervo, por tus propias palabras[28] te juzgo! Si sabías que yo soy un hombre severo que saca de donde no puso, y cosecha de donde no sembró, ¿por qué no entregaste mi dinero a un banco, para que cuando yo viniera, pudiera recibirlo con intereses?".

»Y dijo a los que estaban presentes: "Quitadle la mina y dádsela al que tiene diez minas".

»Y ellos le dijeron: "Señor, ya tiene diez minas".

»Y él les dijo: "Os digo que a todo el que produzca se le dará, y al que no produzca se le quitará incluso lo que ya tiene. Y al siervo inútil arrojadlo a las tinieblas de fuera. Allí será el llanto y el crujir de dientes"».

27. Moneda que correspondía a cien dracmas.
28. Lit.: «por tu propia boca».

Q 22, 27-30

«¿Cuál es mayor, el que está a la mesa o el que sirve? ¿No es el que está a la mesa? Pues yo estoy con vosotros como el que sirve.

»Pero vosotros sois los que habéis permanecido conmigo en mis pruebas; y yo os asigno un reino como mi Padre me lo asignó a mí, para que comáis y bebáis a mi mesa en mi reino, y os sentéis en tronos juzgando a las doce tribus de Israel[29].»

29. Es posible que el Documento Q contara con su propia versión de la pasión, muerte y resurrección de Jesús. Desgraciadamente, a nuestro juicio resulta imposible reconstruir esa parte del Documento con certeza.

Apéndice I

El Documento Q y la fecha de redacción de los Evangelios

La datación de los Evangelios ha experimentado en las últimas décadas un progresivo retroceso en lo que a su localización en el tiempo se refiere. Si durante el siglo XIX era común situar la misma en el siglo II (en el caso de Juan incluso en la segunda mitad del siglo II), hoy en día existe una práctica unanimidad en colocarla durante el siglo I. Las fechas habituales serían el año 60-65 d.C. para Marcos (en cualquier caso antes del 70 d.C.); entre el 70 y el 90 para Mateo y Lucas, y entre el 90 y el 100 para Juan. Aunque esta postura es, hoy por hoy, mayoritaria, ha comenzado a ser desafiada muy consistentemente desde hace poco más de una década y, a nuestro juicio, debería ser revisada. En este apéndice expondremos, de manera forzosamente somera, la que, a nuestro juicio, sería una datación de los cuatro Evangelios más acorde con la evidencia histórica.

Puesto que el Evangelio de Marcos es comúnmente aceptado como redactado antes del 70 d.C., dejaremos su discusión para el final. Empezaremos por el Evangelio de Lucas.

Lucas forma parte de un interesantísimo díptico compuesto por este Evangelio y los Hechos de los Apóstoles. Existe una unanimidad prácticamente total en aceptar que ambas obras pertenecen al mismo autor y que, por supuesto, Lucas fue escrito con anterioridad, como se indica en los primeros versículos del libro de los Hechos. Partiendo de la datación de éste, sin embargo, debemos situar la redacción de Lucas antes del año 70 d.C.

Al menos del siglo II el Evangelio –y consecuentemente el libro de los Hechos– se atribuyó a un tal Lucas. Referencias a este personaje que supuestamente fue médico aparecen ya en el Nuevo Testamento (Colosenses 4, 14; Filemón 24; II Timoteo 4, 11). La lengua y el estilo del Evangelio no permiten en sí rechazar o aceptar esta tradición de manera indiscutible. El británico Hobart[1] intentó demostrar que en el vocabulario del Evangelio aparecían rasgos de los conocimientos médicos del autor; *v.g.:* 4, 38; 5, 18 y 31; 7, 10; 13, 11; 22, 44, etc. Ciertamente el texto lucano revela un mayor conocimiento médico que los de los autores de los otros tres Evangelios, pero no parece que podamos ir más allá. Los mismos términos pueden hallarse en autores de cierta formación cultural como Josefo o Plutarco.

Por otro lado, el especial interés del tercer Evangelio hacia los paganos sí que encajaría en el supuesto origen gentil del médico Lucas. Desde nuestro punto de vista, sostenemos la opinión de O. Cullmann de que «no tenemos razón de peso para negar que el autor pagano-cristiano sea el mismo Lucas, el compañero de Pablo»[2], aunque tampoco existan razones para afirmarlo con dogmatismo. Como veremos más adelante, la datación posible del texto abona aún más esta posibilidad.

En cuanto a ésta, mayoritariamente se sostiene hoy una fecha para la redacción de los Hechos que estaría situada entre el 80 y el 90 d.C. De hecho, las variaciones al respecto son mínimas. Por mencionar sólo algunos de los ejemplos diremos que N. Perrin ha señalado el 85 con un margen de cinco años arriba o abajo[3]; E. Lohse indica el 90 d.C.[4]; P. Vielhauer una fecha cercana al 90[5], y O. Cullmann aboga por una entre el 80 y el 90[6].

1. W. K. Hobart, *The Medical Language of Saint Luke*, Dublín, 1882, pp. 34-37. En el mismo sentido se definió A. Harnack, *Lukas der Arzt,* Leipzig, 1906.

2. O. Cullmann, *El Nuevo Testamento*, Madrid, Taurus, 1971, p. 55.

3. Véase N. Perrin, *The New Testament*, Nueva York, 1974, pp. 195 y ss.

4. E. Lohse, *Introducción al Nuevo Testamento*, Madrid, Cristiandad, 1975, pp. 167 y ss.

5. P. Vielhauer, *op. cit.,* c. VII.

6. O. Cullmann, *op. cit.,* p. 77.

El *terminus ad quem* de la fecha de redacción de la obra resulta fácil de fijar por cuanto el primer testimonio externo que tenemos de la misma se halla en la *Epistula Apostolorum*, fechada en la primera mitad del siglo II. En cuanto al *terminus a quo* ha sido objeto de mayor controversia. Para algunos autores debería ser el 95 d.C., basándose en la idea de que Hechos 5, 36 y ss. depende de Josefo (*Ant. XX*, 97 y ss.). Tal dependencia, señalada en su día por E. Schürer, resulta más que discutible, aunque haya sido sostenida por algún autor de talla[7]. Hoy en día puede considerarse abandonada de manera casi general[8].

Tampoco son de más ayuda las tesis que arrancan de la no utilización de las cartas de Pablo y más si tenemos en cuenta que llegan a conclusiones diametralmente opuestas. A la de que aún no existía una colección de las cartas de Pablo (con lo que el libro se habría escrito en el siglo I y, posiblemente, en fecha muy temprana)[9], se opone la de que el autor ignoró las cartas conscientemente (con lo que cabría fechar la obra entre el 115 y el 130 d.C.). Ahora bien, la aceptación de esta segunda tesis supondría una tendencia en el autor a minusvalorar las cartas paulinas en favor de una glorificación del apóstol, lo que, como ha señalado P. Vielhauer[10], parece improbable y, por contra, hace que resulte más verosímil la primera tesis.

A todo lo anterior que obliga a fijar una fecha en el siglo I (algo no discutido hoy prácticamente por nadie) hay que añadir el hecho de que aparecen algunos indicios internos que fuerzan a re-

7. Véase F. C. Burkitt, *The Gospel History and its Transmission*, Edimburgo, 1906, pp. 109 y ss.

8. Véase F. J. Foakes Jackson, *The Acts of the Apostles*, Londres, 1931, XIV y ss.; W. Kümmel, *op. cit.*, p. 186; G. W. H. Lampe, *PCB*, p. 883; T. W. Manson, *Studies in the Gospels and Epistles*, Manchester, 1962, pp. 64 y ss. Posiblemente el debelamiento de esta tesis quepa atribuirlo a A. Harnack, *Date of Acts and the synoptic Gospels*, Londres, 1911, c. I.

9. En este sentido, véase W. Kümmel, *op. cit.*, p. 186, y T. Zahn, *op. cit.*, III, pp. 125 y ss.

10. Véase P. Vielhauer, *op. cit.*, c. VII.

considerar la posibilidad de que Lucas y los Hechos fueran escritos antes del año 70 d.C.

La primera de estas razones es la circunstancia de que Hechos concluye con la llegada de Pablo a Roma. No aparecen menciones de su proceso ni de la persecución neroniana ni, mucho menos, de su martirio. A esto se añade la particularidad de que el poder romano es contemplado con aprecio (aunque no con adulación) en los Hechos, y la atmósfera que se respira en la obra no parece presagiar ni una persecución futura ni tampoco el que se haya atravesado por la misma unas décadas antes. No parece que el conflicto con el poder romano haya hecho su aparición en el horizonte antes de la redacción de la obra. De hecho, el relato de Apocalipsis –conectado con una persecución imperial– presenta ya una visión de Roma muy diversa y nada positiva, en la que el Imperio es retratado con características brutales (Apocalipsis 13, 1 y ss.). Esta circunstancia parece, pues, abogar más por una fecha para los Hechos situada a inicios de los sesenta, desde luego, más fácilmente ubicable antes que después del 70 d.C. Como ha indicado B. Reicke[11], «la única explicación razonable para el abrupto final de los Hechos es la asunción de que Lucas no sabía nada de los sucesos posteriores al año 62 cuando escribió sus dos libros».

En segundo lugar, aunque Santiago, el hermano del Señor, fue martirizado en el año 62 por sus compatriotas judíos, el suceso no es recogido por los Hechos. Sabida es la postura de Lucas hacia la clase sacerdotal y religiosa judía. Relatos como el de la muerte de Esteban, la ejecución del otro Santiago, la persecución de Pedro o las dificultades ocasionadas a Pablo por sus antiguos correligionarios que se recogen en los Hechos hacen extremadamente difícil justificar la omisión de este episodio, y más si tenemos en cuenta que permitiría presentar a los judíos (y no a los romanos) como

11. Véase B. Reicke, «Synoptic Prophecies on the Destruction of Jerusalem», en D. W. Aune (ed.), *Studies in the New Testament and Early Christian Literature: Essais in Honor of Allen P. Wikgren*, Leiden, 1972, p. 134.

enemigos del Evangelio, puesto que el asesinato se produjo en la ausencia transitoria de procurador romano que tuvo lugar a la salida de Festo. Cabría esperar que la muerte de Santiago, del que los Hechos presentan una imagen conciliadora, positiva y práctica, fuera recogida por Lucas. Aboga también en favor de esta tesis el hecho de que un episodio así se podría haber combinado con un claro efecto apologético. En lugar de ello, sólo tenemos el silencio, algo que sólo puede explicarse de manera lógica si aceptamos que Lucas escribió antes de que se produjera el mencionado hecho, es decir, con anterioridad al 62 d.C.

En tercer lugar, los Hechos no mencionan en absoluto un episodio que –como tendremos ocasión de ver más adelante– tuvo un papel esencial en la controversia judeocristiana. Nos referimos a la destrucción de Jerusalén y la subsiguiente desaparición del segundo Templo. Este hecho sirvió para corroborar buena parte de las tesis sostenidas por la primitiva Iglesia y, efectivamente, fue utilizado repetidas veces por autores cristianos en su controversia con judíos. Precisamente por eso se hace muy difícil admitir que Lucas omitiera el recurso a un argumento tan aprovechable desde una perspectiva apologética. Pero aún más incomprensible resulta esta omisión si tenemos en cuenta que Lucas acostumbra a mencionar el cumplimiento de las profecías cristianas para respaldar la autoridad de este movimiento espiritual. Un ejemplo de ello es la forma en que narra el caso concreto de Agabo como prueba de la veracidad de los vaticinios cristianos (Hechos 11, 28). El que pudiera citar a Agabo y silenciara el cumplimiento de una supuesta profecía de Jesús –y, como veremos más adelante, no sólo de él– acerca de la destrucción del Templo, sólo puede explicarse, a nuestro juicio, por el hecho de que esta última aún no se había producido, lo que nos sitúa, inexcusablemente, en una fecha de redacción anterior al año 70 d.C.

Lógicamente, por lo tanto, si Hechos se escribió antes del 62 d.C., aún más antigua tiene que ser la fecha de redacción del Evangelio de Lucas. La única objeción, aparentemente de peso, para oponerse a esa tesis es que, supuestamente, la descripción de la destrucción del Templo que se encuentra en Lucas 21 tuvo que escribirse con posterioridad al hecho, siendo así un *vaticinium ex eventu*.

Lo cierto, sin embargo, es que tal afirmación es, a nuestro juicio, muy dudosa por las siguientes razones:

1. Los antecedentes judíos veterotestamentarios en relación a la destrucción del Templo (Ezequiel 40-48; Jeremías, etc.).

2. La coincidencia con pronósticos contemporáneos en el judaísmo anterior al 70 d.C.) (*v.g.:* Jesús, hijo de Ananías, en *Guerra VI*, 300-309).

3. La simplicidad de las descripciones en los Sinópticos que hubieran sido, presumiblemente, más prolijas de haberse escrito tras la destrucción de Jerusalén.

4. El origen terminológico de las descripciones en el Antiguo Testamento.

5. La acusación formulada contra Jesús en relación con la destrucción del Templo (Marcos 14, 55 y ss.).

6. Las referencias en Q –que se escribió antes del 70 d.C.– a una destrucción del Templo.

No hay nada en Lucas que nos obligue a datarlo después del 70 d.C. y, por las razones expuestas, lo más probable es que se escribiera antes del 62 d.C. De hecho, ya en su día, C. H. Dodd («The Fall of Jerusalem and the Abomination of Desolation», *JRS*, 37, 1947, pp. 47-54) señaló que el relato de los Sinópticos no arrancaba de la destrucción realizada por Tito sino de la captura de Nabucodonosor en 586 a.C., afirmó que «no hay un solo rasgo de la predicción que no pueda ser documentado directamente a partir del Antiguo Testamento». Con anterioridad, C. C. Torrey (*Documents of the Primitive Church*, 1941, pp. 20 y ss.) había indicado asimismo la influencia de Zacarías 14, 2 y otros pasajes en el relato lucano sobre la futura destrucción del Templo. Asimismo, N. Geldenhuys (*The Gospel of Luke*, Londres, 1977, pp. 531 y ss.) ha señalado la posibilidad de que Lucas utilizara una versión previamente escrita del Apocalipsis sinóptico que recibió especial actualidad con el intento del año 40 d.C. de colocar una estatua imperial en el Templo y de la que habría ecos en II Tesalonicenses 2[12].

Concluyendo, pues, podemos señalar que, aunque hasta la fecha la datación de Lucas y Hechos entre el 80 y el 90 es mayoritaria, existen a nuestro juicio argumentos de signo fundamentalmente histórico que obligan a cuestionarse este punto de vista y a plantear seriamente la posibilidad de que la obra fuera escrita en un período anterior al año 62 en que se produce la muerte de Santiago, auténtico *terminus ad quem* de la obra. De ello se desprende asimismo –como se percibe también en Q– que Jesús, efectivamente, pronunció oráculos prediciendo la destrucción del Templo.

No nos parece por ello sorprendente que el mismo A. von Harnack llegara a esta conclusión al final de su estudio sobre el tema, fechando los Hechos en el año 62[13] y que, a través de caminos distintos, la misma tesis haya sido señalada para el Evangelio de Lucas[14] o el conjunto de los sinópticos por otros autores[15].

12. En favor también de la veracidad de la profecía sobre la destrucción de Jerusalén y el Templo, recurriendo a otros argumentos, véase G. Theissen, *Studien zur sociologie des Urchristentums*, Tubinga, 1979, c. III; B. H. Young, *Jesus and His Jewish Parables*, Nueva York, 1989, pp. 282 y ss.; R. A. Guelich, «Destruction of Jerusalem», en *DJG*, Leicester, 1992; C. Vidal, «Jesús», en *Diccionario de las tres religiones monoteístas*, *op. cit.* e *idem*, *Diccionario de Jesús y los Evangelios*, *op. cit.*

13. Véase A. von Harnack, *Date...*, *op. cit.*, pp. 90-135.

14. No mencionamos aquí –aunque sus conclusiones son muy similares– las tesis de la escuela jerosilimitana de los sinópticos (R. L. Lindsay, D. Flusser, etc.) que apuntan a considerar el Evangelio de Lucas como el primero cronológicamente de todos; véase R. L. Lindsay, *A Hebrew Translation of the Gospel of Mark*, Jerusalén, 1969; *idem*, *A New Approach to the Sinoptic Gospels*, Jerusalén, 1971. En nuestra opinión, la tesis dista de estar demostrada de una manera indiscutible, pero la sólida defensa que se ha hecho de la misma obliga a plantearse su estudio de manera ineludible. Un estudio reciente de la misma en B. H. Young, *Jesus...*, *op. cit.*, Nueva York, 1989.

15. Véase J. B. Orchard, «Thessalonians and the Synoptic Gospels», en *Bb*, 19, 1938, pp. 19-42 (fecha Mateo entre el 40 y el 50 d.C, dado que Mateo 23, 31 a 25, 46 parece ser conocido por Pablo); *idem*, *Why Three Synoptic Gospels*, 1975, fecha Lucas y Marcos en los inicios de los años 60 d.C.; B. Reicke, *op. cit.*, p. 227, sitúa también los tres sinópticos antes del año 60 d.C. En un sentido similar, J. A. T. Robinson, *Redating the New Testament*, Filadelfia, 1976, pp. 86 y ss.

Mateo[16] recoge, indudablemente, una lectura judeocristiana de la vida y la enseñanza de Jesús. Como hemos señalado, su datación suele situarse en alguna fecha en torno al 80 d.C. Pero la base para afirmar tal cosa es, como en el caso de Lucas, la presuposición –insostenible por las razones ya señaladas– de que la predicción de Jesús sobre la destrucción del Templo es un *vaticinium ex eventu*[17]. Como Lucas, Mateo utilizó Q e igualmente podría ser datado antes del 70 d.C., por las mismas razones ya aducidas (salvo la relacionada con el libro de los Hechos). Aunque, seguramente, no fue redactado en Palestina, una antigua tradición conecta a su autor –al menos en parte– con el apóstol del mismo nombre.

La cuestión de la datación parece agudizarse aún más en relación con el denominado cuarto Evangelio, el de Juan[18]. En relación con el autor, la cuestión de la evidencia externa ha sido considerablemente tratada en comentarios como los de Barrett, Beasley-Murray, Brown y Schnackenburg, autores todos ellos que niegan que el mismo haya sido Juan, el hijo de Zebedeo. El primero en haber conectado el cuarto Evangelio con el mencionado personaje parece haber sido Ireneo (*Adv. Haer.*, 3, 1, 1), citado por Eusebio (HE 5, 8, 4), que usa como fuente de su afirmación al mismo Policarpo. El testimonio, sin lugar a dudas, reviste una cierta importancia, pero no es menos cierto que no deja de presentar inconvenientes para su aceptación. En primer lugar, no deja de ser extraño

16. Acerca de Mateo con bibliografía y discusión de las diferentes posturas, véase D. A. Carson, *Matthew*, Grand Rapids, 1984; R. T. France, *Matthew*, Grand Rapids, 1986; *idem*, *Matthew: Evangelist and Teacher*, Grand Rapids, 1989; W. D. Davies y D. C. Allison, Jr, *A Critical and exegetical Commentarii on the Gospel According to Saint Matthew*, Edimburgo, 1988; U. Luz, *Matthew 1-7*, Minneapolis, 1989.

17. Una discusión detallada del tema en J. A. T. Robinson, *Redating...*, *op. cit.*, pp. 86 y ss.

18. Para este Evangelio con bibliografía y exposición de las diferentes posturas, véase R. Bultmann, *The Gospel of John*, Filadelfia, 1971; C. K. Barrett, *The Gospel according to St. John*, Filadelfia, 1978; R. Snhackenburg, *The Gospel According to St. John*, 3 vols., Nueva York, 1980-1982; F. F. Bruce, *The Gospel of John*, Grand Rapids, 1983; G. R. Beasley-Murray, *John*, Waco, 1987.

De acuerdo con ese Documento Q, Jesús se proclamó con un título que iba más allá de la simple humanidad. Hijo de Dios-Señor-Sabiduría era un tríptico demasiado explosivo para algunos de sus contemporáneos: Jesús estaba diciendo de sí mismo cosas que sólo podían ser vistas como blasfemia, y con ello ocasionarle la muerte.

La enseñanza de Jesús, en definitiva, no se limita a enfrentarse con el Diablo *(izquierda)* sino que insiste en que el ser humano está en una situación de extravío y de perdición; y que él ha venido para reunir a todos los extraviados –aunque fueran no judíos– a fin de llevarlos a Dios. Quienes le siguieran serían, así, «militantes para un mundo nuevo» que, henchidos de una absoluta confianza en la Providencia y de un ilimitado amor hacia sus enemigos, rechazarían la violencia incluso en su forma defensiva. (Actitudes como la de san Pedro, *abajo*, son desautorizadas de antemano.)

que otra literatura relacionada con Éfeso (*v.g.*: la *Epístola de Ignacio a los efesios*) omita la supuesta relación entre el apóstol Juan y esta ciudad. Por otro lado, cabe la posibilidad de que Ireneo hubiera experimentado una confusión en relación con la noticia que recibió de Policarpo. Así, Ireneo señala que Papías fue oyente de Juan y compañero de Policarpo (*Adv. Haer.*, 5, 33, 4) pero, de acuerdo al testimonio de Eusebio (HE 3, 93, 33), Papías fue, en realidad, oyente de Juan el presbítero –que aún vivía en los días de Papías (HE 3, 39, 4)– y no del apóstol. Cabe, pues, la posibilidad de que ése fuera el mismo Juan al que se refirió Policarpo.

Finalmente, otras referencias a una autoría de Juan el apóstol en fuentes cristianas revisten un carácter lo suficientemente tardío o legendario como para cuestionarlas, sea el caso de Clemente de Alejandría, transmitido por Eusebio (HE 6, 14, 17), o el del Canon de Muratori (*c.* 180-200). La tradición existía, es cierto, a mediados del siglo II, pero no parece del todo concluyente.

En cuanto a la evidencia interna, el Evangelio recoge referencias que podríamos dividir en las relativas a la redacción y las relacionadas con el discípulo amado. Las noticias recogidas en 21, 24 y 21, 20 podrían identificar el redactor inicial con el discípulo amado[19], o, tal vez, como la fuente principal de las tradiciones recogidas en el mismo pero, una vez más, queda en penumbra si ésta es una referencia a Juan, el apóstol.

Hay referencias al discípulo amado en 13, 23; 19, 26-27; 20, 1-10 y 21, 7 y 20-24. Cabe la posibilidad asimismo de que los pasajes de 18, 15-16; 19, 34-37 y, quizá, 1, 35-36, estén relacionados con el mismo. Resulta obvio que el Evangelio en ningún momento identifica por nombre al discípulo amado –ni tampoco a Juan el apóstol, dicho sea de paso–, y si en la Última Cena sólo hubieran estado presentes los Doce, obviamente el discípulo amado tendría que ser uno de ellos, pero tal dato dista de ser totalmente seguro.

19. De hecho, no es descabellado afirmar que quien escribió al menos 21, 24-25 no escribió el resto del Evangelio, de cuya autenticidad aparece como garante.

lo cercano a Jesús (por ejemplo, como los mencionados en Hechos 1, 21 y ss.) que contaba con un peso considerable dentro de las comunidades judeocristianas de Palestina.

En relación con la datación de esta obra, no puede dudarse de que el consenso ha sido casi unánime en las últimas décadas. Generalmente, los críticos conservadores databan la obra en torno a finales del siglo I o inicios del siglo II, mientras que los radicales, como Baur, la situaban hacia el 170 d.C. Uno de los argumentos utilizados como justificación de esta postura era leer en Juan 5, 43 una referencia a la rebelión de Bar Kojba. El factor determinante para refutar esta datación tan tardía fue el descubrimiento en Egipto del papiro 52, perteneciente a la última década del siglo I o primera del siglo II, donde aparece escrito un fragmento de Juan. Esto sitúa la fecha de redacción en torno al 90-100 d.C. como máximo. Con todo, existen, a juicio de varios estudiosos, razones considerables para datar el Evangelio en una fecha anterior.

Posiblemente, el punto de arranque de esta revisión de la fecha quepa situarlo en relación con los estudios de C. H. Dodd sobre este Evangelio[21]. Aunque este autor siguió todavía la corriente de datar la obra entre el 90 y el 100, atribuyéndola a un autor situado en Éfeso, reconoció, sin embargo, que el contexto del Evangelio está referido a condiciones «presentes en Judea antes del año 70 d.C., y no más tarde, ni en otro lugar»[22]. De hecho, la obra es descrita como «difícilmente inteligible»[23] fuera de un contexto puramente judío anterior a la destrucción del Templo e incluso a la rebelión del 66 d.C.

Pese a estas conclusiones, C. H. Dodd sustentó la opinión en boga alegando que Juan 4, 38 y ss. era una referencia a la misión gentil y que el testimonio de Juan recordaba la situación en Éfeso en Hechos 18, 24 a 19, 7. Ambas tesis son, desde nuestro punto de vista, insostenibles. El pasaje de Juan 4, 38 y ss. es muy discutible

21. C. H. Dodd, *Historical Tradition in the Fourth Gospel*, Londres, 1963.
22. *Ibid.*, p. 120.
23. *Ibid.*, pp. 311 y ss., 332 y ss. y 412 y ss.

que tenga la connotación que dio Dodd, pero aunque así fuera, lo cierto es que la misión entre los gentiles fue asimismo previa al 66 d.C. En cuanto a la noticia de Hechos 18 y 19, debe recordarse que narra sucesos acontecidos también antes del 66 d.C.

En realidad, existen a nuestro juicio elementos que hacen pensar en una datación anterior al 70 d.C. De manera somera, los mismos pueden resumirse así:

1. La cristología resulta muy primitiva. Jesús es descrito como «profeta y rey» (6, 14 y ss.); «profeta y mesías» (7, 40-42); «profeta» (4, 19; 9, 17); «Mesías» (4, 25); «Hijo del hombre» (5, 27), y «maestro de Dios» (3, 2). Aunque, ciertamente, Juan hace referencia a la preexistencia del Verbo, tal concepto está presente asimismo en Q –que identifica a Jesús con la Sabiduría eterna– y, como hemos visto en la tercera parte de nuestro estudio, en la generalidad del judeocristianismo palestino anterior a Jamnia.

2. El trasfondo –como ya se percató Dodd– sólo encaja en el mundo judío palestino anterior al 70 d.C.

3. La única referencia que, aparentemente, situaría el Evangelio tras el año 70 d.C. es la noticia en relación con la expulsión de las sinagogas de algunos cristianos (Juan 9, 34 y ss.; 16, 2). Para algunos autores, tal circunstancia está conectada con el *birkat ha-minim*, al que nos referimos en la segunda parte de nuestro estudio, e indicaría una redacción posterior al 80 d.C.[24] Lo cierto, sin embargo, es que utilizar el argumento de la persecución para dar una fecha tardía de redacción de los Evangelios no parece que pueda ser de recibo desde el estudio realizado al respecto por D. R. A. Hare[25]. De hecho, tal medida fue utilizada ya contra Jesús (Lucas 4, 29), Esteban (Hechos 7, 58) y Pablo (Hechos 13, 50), con anterioridad al 66 d.C.

24. Una defensa muy rigurosa de este punto de vista en F. Manns, *John and Jamnia: How the Break Occurred Between Jews and Christians c. 80-100 A. D.*, Jerusalén, 1988.

25. D. R. A. Hare, *The Theme of Jewish Persecution of Christians in the Gospel according to St. Matthew*, Cambridge, 1967, pp. 48-56.

4. No hay referencias a los gentiles en el Evangelio (aunque sí la hay en Q, que es anterior al 70 d.C.). Tal circunstancia obliga a datar el Evangelio en una fecha muy temprana, cuando tal posibilidad tenía poca relevancia, y, desde luego, resulta imposible de encajar con un contexto efesino como el sostenido por algunos autores.

5. Los saduceos tienen una enorme importancia en el Evangelio. De hecho, se sigue reconociendo el papel profético del sumo sacerdote (Juan 11, 45 y ss.). Todo ello carecería de sentido tras el 70 d.C. –no digamos ya tras Jamnia– dada la forma en que este segmento de la vida religiosa judía se eclipsó con la destrucción del Templo.

6. No hay referencias a la destrucción del Templo. Por el contrario, la profecía sobre la destrucción del Templo atribuida a Jesús (2, 19) no sólo no se conecta con los sucesos del año 70, sino tampoco con los del 30 d.C. En un Evangelio donde la animosidad de los dirigentes de la vida cúltica está tan presente –algo con paralelos en los datos suministrados por el libro de los Hechos en relación con Juan–, tal ausencia resulta inexplicable si es que, efectivamente, el Evangelio se escribió después del 70 d.C.

7. Los detalles topográficos son anteriores al 70 d.C. y rigurosamente exactos[26]. No sólo revelan los mismos un conocimiento extraordinario de la Jerusalén anterior al 70 d.C., sino que además consideran que la misma no «fue» así, sino que «es» así (4, 6; 11, 18; 18, 1; 19, 41). Una vez más, la ausencia de referencias a lo acontecido en el 70 d.C. resulta especialmente reveladora.

8. El discípulo está vivo en una época en que debería esperarse su muerte. Generalmente, esta circunstancia –recogida en el cap. 21–

26. En este sentido, véase J. Jeremias, *The Rediscovery of Bethesda, John 5. 2*, Louisville, 1966; W. F. Albright, *The Archaeology of Palestine*, Harmondsworth, 1949, pp. 244-248; R. D. Potter, «Topography and Archaeology in the Fourth Gospel», *Studia Evangelica*, I, 73, 1959, pp. 329-337; *idem*, *The Gospels Reconsidered*, Oxford, 1960, pp. 90-98; W. H. Brownlee, «Whence the Gospel According to John?», en J. H. Charlesworth (ed.), *John and the Dead Sea Scrolls*, Nueva York, 1990.

ha sido utilizada para justificar una fecha tardía de la fuente, y más teniendo en cuenta que presupone la muerte de Pedro (21, 18-23) en la cruz (comparar con 12, 33 y 18, 32). Tal interpretación presupone ir más allá de lo que dice la fuente, que sólo nos indica una fecha posterior al 65 d.C. De hecho, y viendo el contexto histórico, preguntarse si el discípulo amado (y más si se trataba de Juan) iba a sobrevivir hasta la venida de Jesús resultaba lógico. Santiago había muerto en el 62 d.C.; Pedro, en el 65; Pablo, algo después. Es lógico que muchos pensaran que la parusía podía estar cercana y que quizá el discípulo amado viviría hasta la misma. Éste no era de la misma opinión. Jesús no les había dicho eso a él y a Pedro, sino que Pedro debía seguirlo sin importar lo que le sucediera al primero (Juan 21, 21 y ss.). Ahora Pedro había muerto (65 d.C.) pero nada indicaba que, por ello, la parusía estuviera cerca. Una vez más, la destrucción del Templo en el 70 d.C. no es mencionada.

Por lo tanto, desde nuestro punto de vista, lo más razonable es suponer que la conclusión de Juan se escribió en una fecha situada entre el 65 y el 66 d.C., siendo esta última o bien obra de él –que hablaría entonces en tercera persona– o bien de algún discípulo suyo. El contexto resulta, igualmente a nuestro juicio, claramente judeocristiano y palestino. En cuanto al resto del Evangelio, sin duda, es anterior al 65 d.C. pero, con seguridad, posterior a la misión samaritana de los treinta y quizá anterior a las grandes misiones entre los gentiles de los años cincuenta d.C.

La acumulación de todo este tipo de circunstancias explica el que un buen número de especialistas haya situado la redacción del Evangelio con anterioridad al 70 d.C.[27], así como los intentos,

27. Entre ellos cabe destacar P. Gardner-Smith, *St. John and the Synoptic Gospels*, Cambridge, 1938, pp. 93-96 (posiblemente coetáneo de Marcos); A. T. Olsmtead, *Jesus in the Light of History*, Nueva York, 1942, pp. 159-225 (poco después de la crucifixión); E. R. Goodenough, «John a Primitive Gospel», en *JBL*, 64, 1945, pp. 145-182; H. E. Edwards, *The Disciple who Wrote These Things*, 1953, pp. 129 y ss. (escrito hacia 66 por un judeocristiano huido a Pella); B. P. W. Stather Hunt, *Some Johannine Problems*, 1958, pp. 105-117 (justo antes del 70); K. A. Eckhardt, *Der Tod des Johannes*, Berlín, 1961, pp. 88-90 (entre el 57

poco convincentes en nuestra opinión, de algunos autores encaminados a no pasar por alto la solidez de estos argumentos y, a la vez, conjugarlos con una datación tardía del Evangelio. Estas interpretaciones chocan, a nuestro juicio, con el inconveniente principal de no responder a los argumentos arriba señalados, fundamentalmente en relación con el trasfondo histórico[28].

---

y el 68); R. M. Grant, *A Historical Introduction to the New Testament*, 1963, p. 160 (escrito en torno a la guerra del 66 por judeocristianos de Palestina o exiliados); G. A. Turner, «The Date and Purpose of the Gospel of John», *Bulletin of the Evangelical Theological Society*, 6, 1963, pp. 82-85 (antes de la revuelta del 66); G. A. Turner y J. Mantey, *John*, Grand Rapids, 1965, p. 18 (contemporáneo de las cartas paulinas); W. Gericke, «Zur Entstehung des Johannesevangelium», en *TLZ*, 90, 1965, cols. 807-820 (hacia 68); E. K. Lee, «The Historicity of the Fourth Gospel», en *CQR*, 167, 1966, pp. 292-302 (no necesariamente después de Marcos); L. Morris, *The Gospel According to John*, Grand Rapids, 1972, pp. 30-35 (antes del 70 con probabilidad); S. Temple, *The Core of the Fourth Gospel*, 1975, VIII (35-65, sobre la base de un bosquejo anterior de los años 25-35. S. Temple cita además a M. Barth datándolo antes del 70 y considerándolo el Evangelio más primitivo); J. A. T. Robinson, *Redating*, pp. 307 y ss. (el protoevangelio lo data en el 30-50 en Jerusalén y la redacción final hacia el 65) e *idem, The Priority of John*, Londres, 1985 (redacción final hacia el 65 y estudio sobre su autenticidad histórica).

28. J. L. Martyn, *The Gospel of John in Christian History*, Nueva York, 1979 (una primera fase redaccional por judeocristianos palestinos entre antes del 66 d.C. y los años ochenta; un período medio a finales de los ochenta, y un período final posterior a los ochenta); M. E. Boismard, *L'Evangile de Jean*, París, 1977 (una primera redacción en el 50, quizá por Juan, el hijo de Zebedeo; una segunda en el 60-65 por un judeocristiano de Palestina, quizá Juan el prebístero, al que se refiere Papías; una tercera redacción en torno al 90 d.C. por un judeocristiano palestino emigrado a Éfeso; redacción definitiva en Éfeso por un miembro de la escuela joánica, a inicios del siglo II); W. Langbrandtner, *Weltgferner Got oder Gott der Liebe. Die Ketzerstreit in der johanneischen Kirche*, Frankfurt, 1977 (redacción inicial no antes del 80 d.C., en el seno de una comunidad que no es anterior al 66 d.C.); R. E. Brown, *The Community of the Beloved Disciple*, Nueva York, 1979; cuadros de síntesis (la comunidad joánica se origina en Palestina a mediados de los cincuenta y desarrolla una «cristología alta» de preexistencia del Hijo que lleva a conflictos con otros judíos. Este período concluirá a finales de los años ochenta, redactándose el Evangelio hacia el año 90 d.C.).

En cuanto a Marcos[29] –que, muy posiblemente, recoge la predicación petrina–, es un Evangelio dirigido fundamentalmente a los gentiles y, casi con toda seguridad, forjado en un medio gentil que pudo ser Roma o, secundariamente, Alejandría. Como ya indicamos, se suele admitir de manera prácticamente unánime que fue escrito con casi absoluta certeza antes del año 70 d.C.

De lo anterior, pese a lo sucinto de la exposición, deberíamos desprender que la redacción de los Evangelios que aparecen en el Nuevo Testamento cabría situarla con anterioridad al 70 d.C. No sólo su propia evidencia interna obliga a pensar en esa posibilidad, sino que el único argumento existente para datarlos con posterioridad a la destrucción del Templo (la profecía sobre la misma pronunciada por Jesús interpretada como *vaticinium ex eventu*) no sólo carece de la consistencia que aparenta tener, sino que además ese mismo anuncio ya aparece en Q, que se redactó, con toda seguridad, antes del 70 d.C.

29. Sobre este Evangelio con bibliografía y discusión de las diversas posturas, véase V. Taylor, *The Gospel of Mark*, Nueva York, 1966; H. Anderson, *The Gospel of Mark*, 1981; E. Best, *Mark; The Gospel as Story*, Filadelfia, 1983; L. Hurtado, *Mark*, Peabody, 1983; M. Hengel, *Studies in the Gospel of Mark*, Minneapolis, 1985; D. Lührmann, *Das Markusevangelium*, Tubinga, 1987; R. A. Guelich, *Mark 1-8: 26*. Waco, 1989; J. D. Kingsbury, *Conflict in Mark*, Minneapolis, 1989.

APÉNDICE II

¿QUÉ PODEMOS SABER CON SEGURIDAD ACERCA DE JESÚS[1]?

La cuestión acerca de aquello que podemos conocer con certeza acerca de la vida de Jesús es sustancial a todo intento de intentar comprender al personaje. Las respuestas han sido muy variadas, yendo desde el «nada» de R. Bultmann hasta el «optimismo moderado» sobre las posibilidades de acceder a un conocimiento del Jesús histórico de Geza Vermes, pasando por el análisis certero del historiador M. Grant o la visión, poco menos que triunfalista, de G. R. Habermas.

Desde luego, debemos empezar por reconocer que multitud de datos acerca de su vida permanecerán ocultos para nosotros presumiblemente siempre. Seguramente nunca sabremos cuáles fueron sus gustos o aficiones –algo que suele ocupar tanto lugar en las biografías modernas–, cómo transcurrió la mayor parte de su infancia y adolescencia, cómo fue su relación con José y el resto de su familia antes de iniciarse su ministerio (iniciado éste, ya sabemos que fue de incredulidad, hasta que Santiago tuvo una visión de Jesús resucitado), dónde se educó o en qué trabajó durante su vida privada, etc. A todas esas preguntas sólo se puede intentar responder mediante conjeturas con escasos visos de certeza plena. Los materiales que han llegado a nosotros acerca de Jesús sólo nos permiten acceder a sus últimos años de vida y alguna referencia a la infancia. Dentro de ese período de la vida de Jesús, la respuesta en cuanto a si podemos reconstruir su vida es, con diferencias de

1. Un estudio mío del tema en C. Vidal, «Jesús», en *Diccionario de las tres religiones monoteístas*, *op. cit.* y en *idem*, *Diccionario de Jesús y los Evangelios*, *op. cit.*

matiz no pequeñas, afirmativa en la opinión de los historiadores contemporáneos. Paradójicamente, ésta no es la de aquellos que trabajan con metodologías que no podemos calificar de científicas, como es el caso de filósofos y teólogos[2]. En estos dos últimos casos, da la sensación de que existe un mayor interés por presentar una figura de Jesús que encaje en la última corriente (¿nos atreveremos a decir «moda»?) que por plantearse seriamente lo que las fuentes nos dicen sobre él. Gracias a ello, hemos «padecido» a Cristos marxistas, hegelianos, «guerrilleros», existencialistas o nihilistas, por sólo citar a unos cuantos, así como un uso de las fuentes intolerable desde una perspectiva histórica.

Pero volviendo a nuestra pregunta inicial, ¿qué podemos saber con certeza histórica acerca de Jesús?

E. P. Sanders[3] ha señalado la existencia de ocho «hechos indiscutibles» *(indisputable facts)* relacionados con la vida de Jesús. Son los siguientes:

1. Jesús fue bautizado por Juan el Bautista.
2. Jesús fue un galileo que predicaba y sanaba.
3. Jesús llamó a sus discípulos y entre ellos nombró doce.
4. Jesús confinó su actividad a Israel.
5. Jesús se implicó en una controversia acerca del Templo.
6. Jesús fue crucificado fuera de Jerusalén por las autoridades romanas.
7. Después de la muerte de Jesús sus seguidores continuaron como un movimiento identificable.
8. Al menos algunos judíos persiguieron a partes del nuevo movimiento y parece que tal persecución duró como mínimo hasta un tiempo cercano al final de la carrera de Pablo.

Junto con estas afirmaciones, Sanders acepta como histórico buena parte del material contenido en los Evangelios acerca de

2. Una crítica ácida pero veraz y realista de esto en J. Arce, «Prefacio», en A. Momigliano y otros, *El conflicto entre el paganismo y el cristianismo en el siglo* IV, Madrid, Alianza, 1989, pp. 12 y ss.

3. E. P. Sanders, *Jesus and Judaism*, Filadelfia, 1985, p. 11.

Jesús (parábolas, proverbios, enseñanzas, etc.) a la vez que el hecho de que Jesús se aplicó algunos de los títulos que le atribuyen los Evangelios.

La propuesta de Sanders ha tenido eco en cierto sector del mundo académico y no es de extrañar que, muy recientemente, F. J. Murphy la haya convertido en la base para discutir la historicidad de Jesús y que, a la vez, la haya aceptado sustancialmente.

En otro extremo del panorama, podríamos situar a autores como G. R. Habermas[4], que ha llegado a considerar como históricamente fiables ciento diez afirmaciones acerca de Jesús, de las cuales algunas resultan cuando menos muy dudosas (prescindiendo de lo que se crea, ¿cómo se puede considerar históricamente comprobable que Jesús nació de una virgen, como lo hace Habermas?).

Ante unas diferencias de resultados tan espectaculares, ¿qué podemos saber de Jesús? Mi opinión es que tal problema –que es histórico– sólo puede ser abordado desde una metodología correcta por historiadores y que resulta muy dudoso (como mínimo) y prescindiendo de sus valores en otras áreas que pueda ser enfocado desde la perspectiva de la filosofía, la teología o incluso la filología. Ciertamente, por mencionar un caso, el análisis lingüístico del filólogo es útil para el historiador, pero nunca lo puede sustituir. Hacerlo sería como afirmar que, puesto que las radiografías resultan inútiles para el cirujano, la intervención quirúrgica debería realizarla el radiólogo en lugar de él[5].

Partiendo de un criterio meramente histórico, a mi juicio, se puede afirmar que las fuentes, tanto cristianas como judías y paganas, nos permiten conocer y dar como ciertos buen número de datos acerca de la vida de Jesús, en un grado de exactitud que supera en bastantes ocasiones a personajes famosos de la Antigüedad.

Estos datos son, como mínimo, los siguientes[6]:

4. G. R. Habermas, *Ancient Evidence for the Life of Jesus*, Nashville, 1984.

5. En un sentido muy similar se han pronunciado W. Meeks, F. F. Bruce y, más recientemente, M. Hengel, *The Pre-Christian Paul*, Londres y Filadelfia, 1991.

6. Entre paréntesis señalamos las fuentes que atestiguan los mismos.

1. Jesús pertenecía a la estirpe davídica aunque, seguramente, a una rama secundaria de la familia (Mateo, Lucas, Eusebio).

2. Su nacimiento no fue normal. Esto sería utilizado por sus adversarios con propósitos denigratorios, mientras que dos de los Evangelios lo presentarían a la luz de la «concepción virginal» (Mateo, Lucas, Juan, el Talmud).

3. Estuvo en Egipto (Mateo, el Talmud).

4. Se crió en Galilea (los cuatro Evangelios).

5. Tuvo hermanos y hermanas y sus parientes vivieron, de hecho, hasta el siglo III (Mateo, Marcos, Juan, Flavio Josefo, Hegesipo, Eusebio, Tertuliano, etc.).

6. Fue bautizado por Juan el Bautista (los cuatro Evangelios).

7. Inició su ministerio en Galilea (los cuatro Evangelios).

8. Sus hermanos no creían en él (Juan, Mateo, Marcos).

9. Predicó un Evangelio centrado en la venida del Reino de Dios y en la necesidad de arrepentirse y aceptarlo a él para obtener salvación. Parte esencial de ese Evangelio es que las fuerzas demoníacas ya están siendo vencidas con su ministerio. En sus palabras y en sus actos, se percibe una nota de autoridad inexistente en paralelos judíos de la época. No menos sin paralelo es su llamada a los pecadores (y su disposición a recibirlos y a comer con ellos) y la aceptación de mujeres en su grupo. Su ética era radical, incluyendo el rechazo total de la violencia, la pureza sexual, la negativa a pronunciar juramentos y la confianza incondicional en la Providencia. Aunque su predicación se restringió a Israel, hay muestras de que contempló una apertura futura del Reino a los no judíos (Mateo, Marcos, Lucas, etc.).

10. Realizó curaciones y otros hechos que tanto él como sus discípulos y contemporáneos interpretaron como expulsión de demonios (Evangelios, Hechos, el Talmud).

11. Realizó varias bajadas a Jerusalén (Juan).

12. Se negó a ser un mesías de corte guerrero, lo que ocasionó, entre otras razones, su fracaso en Galilea y el abandono de algunos de sus discípulos. Se identificó, de hecho, con el siervo de Isaías y el Hijo del hombre (los cuatro Evangelios) y, muy especialmente,

consideró que Dios era su Padre de una manera sin paralelos, hasta el punto de que equivalió para sus oyentes a «hacerse igual a Dios» (los cuatro Evangelios, Hechos, el Talmud, etc.).

13. En la última etapa de su vida se centró fundamentalmente en el grupo más íntimo de los discípulos, de entre los que nombró a doce, posiblemente, como referencia al número de las tribus de Israel. Muy posiblemente, fue también en esta etapa cuando comenzó a anunciar su muerte en armonía con su visión de sí mismo a la luz del Antiguo Testamento y de otros escritos judíos de la época (los cuatro Evangelios, etc.).

14. También por esta época desarrolló un ministerio de predicación en Perea (Lucas).

15. Realizó una limpieza del Templo (los cuatro Evangelios), si bien no podemos saber con certeza el momento exacto en que ésta se produjo (los Sinópticos la sitúan en su última semana de vida y Juan al inicio de su ministerio. Resulta improbable la tesis de que el hecho se produjo dos veces).

16. Profetizó la destrucción del Templo, un hecho que sería empleado en su proceso (los cuatro Evangelios).

17. Acudió a Jerusalén con sus discípulos durante una Pascua, lo más seguro la del año 30 d.C. En el curso de la misma celebró una cena preñada de contenido escatológico y en la que debió de evidenciarse la conciencia que tenía de su muerte cercana. Previamente, había anunciado que el triunfo del Reino y su regreso debería ir precedido por su padecimiento y por un período de persecución padecido por sus seguidores. Con ello se hacía eco, probablemente, de la idea judía del mesías que aparece y es retirado para luego regresar.

18. Fue traicionado por uno de sus discípulos, llamado Judas, abandonado por los restantes, prendido, sometido a una reunión, plagada de irregularidades, de uno de los tribunales del Sanhedrín y entregado a Pilato.

19. Éste lo envió a Herodes Antipas para posteriormente intentar ponerlo en libertad acogiéndose a una tradición legal de liberar a un preso en la Pascua. Tras flagelarlo, quizá con la inten-

ción de contentar a sus enemigos, procedió a ordenar su crucifixión (los cuatro Evangelios, Hechos, Flavio Josefo, el Talmud, Tácito, etc.).

20. En su condena influyó su pretensión de ser el Mesías (de hecho, de eso le acusa el cartel colocado en la cruz por Pilato) así como, muy posiblemente, otras que lo situaban por encima de la mera humanidad. Con todo, no cabe duda de que la conjunción de intereses contrarios a él fue decisiva en el curso del procedimiento.

21. Muerto en la cruz, fue sepultado en una tumba que, tres días después, se encontró vacía (I Corintios, los cuatro Evangelios).

22. Los discípulos afirmaron haberlo visto resucitado de tal manera que su conducta cambió y que incluso algunos incrédulos –como su hermano Santiago o el luego apóstol Pablo– aceptaron la nueva fe tras ser objeto de alguna de sus apariciones (los cuatro Evangelios, Hechos, Flavio Josefo, Gálatas, I Corintios, etc.).

23. La única respuesta de sus adversarios a estos hechos fue la de que el cadáver había sido robado (Mateo, Celso, etc.).

24. Sus discípulos siguieron existiendo como un movimiento identificable (Tácito, Hechos, Flavio Josefo, etc.).

En cuanto a sus enseñanzas, no cabe duda de que el Documento Q nos presenta un estrato muy primitivo de la preservación de las mismas, pero sin duda no completo. Las parábolas de los Evangelios tienen el mismo matiz de autenticidad que esta fuente pese a no estar incluidas en la misma. Con todo, ese tema excede del objeto de este libro y no entraremos en él. Sí resulta obligado señalar que, en términos textuales, ninguna obra de la Antigüedad tiene un mayor número de apoyatura de manuscritos ni tan primitivos (un argumento al que el historiador es muy sensible) que el Nuevo Testamento. Como señaló el profesor de Manchester F. F. Bruce: «Para la guerra de las Galias de César (compuesta entre el 58 y el 50 a.C.) hay varios manuscritos, pero sólo nueve o diez son buenos, y el más antiguo es de novecientos años más tarde que la época de César. De los 142 libros de la Historia romana de Livio sólo nos han llegado 35: éstos nos son conocidos a partir de no más de veinte manuscritos de poco valor, sólo uno de los cuales, y ése conteniendo fragmentos de los libros III-IV, es del siglo IV. De los 14 libros de las *Historias* de Tácito sólo sobreviven cuatro y medio; de los 16 libros de sus *Anales*, diez sobreviven completos y dos en parte. El texto de las porciones que restan de sus grandes obras históricas depende enteramente de dos manuscritos, uno del siglo IX y el otro del siglo XI»[7].

Frente a esto, el historiador cuenta con cerca de cinco mil manuscritos griegos del Nuevo Testamento y trece mil copias manuscritas de porciones del mismo. Su datación va del siglo I al siglo IV d.C.[8]

Posiblemente pocos han sabido captar como el profesor David Flusser lo que podemos esperar de los Evangelios como fuentes históricas. Su afirmación resulta aún más sugestiva porque, además, no arranca de un cristiano, sino de un estudioso judío especializado en el período del segundo Templo. Dice así:

> Los discípulos de Jesús que relataron las palabras y los hechos del maestro [...] no podían por menos de aspirar a la máxima veracidad y exactitud, pues para ellos se trataba de la fidelidad a un imperativo religioso y no les era lícito apartarse de lo realmente sucedido; debían transmitir con la mayor exactitud las palabras del maestro [...] pues, de no atenerse fielmente a los hechos, hubieran puesto en peligro su salvación eterna. No les era lícito mentir[9].

Es ésta una opinión que podríamos suscribir en su totalidad. Resumiendo, pues, podemos decir que a la pregunta de si podemos conocer quién fue Jesús, lo que hizo y lo que enseñó acerca de sí mismo y de otras cuestiones, el historiador debe responder, dentro de los matices y límites expresados en este mismo apéndice, con una respuesta afirmativa.

7. F. F. Bruce, *The New Testament Documents*, Downers Groves, 1964, pp. 179-180.

8. Un análisis a fondo sobre el tema en B. Metzger, *The Text of the New Testament*, Oxford, 1992.

9. D. Flusser, *Jesús, op. cit.*, p. 148.

BIBLIOGRAFÍA[1]

ARENS, E., *The ELZON – Sayings in the Synoptic Tradition*, Friburgo, 1976.

BEARE, F. W., *The Earliest Records of Jesus*, Nueva York y Nashville, 1962.

BORING, M. Eugene, «Christian Prophecy in Q», en *Sayings of the Risen Jesus: Christian Prophecy in the Synoptic Tradition*, Cambridge y Nueva York, 1982.

BULTMANN, R. K., *History of the Synoptic Tradition*, Oxford, 1963. [*Historia de la tradición sinóptica*, Salamanca, Sígueme, 2000.]

CARLSTON, C. E., «Wisdom and Eschatology in Q», en *Delobel*, 1982, pp. 101-119.

CATCHPOLE, D., «Jesus and the Community of Israel – The Inaugural Discourse in Q», en *BJRL*, 68, pp. 296-316.

CROSSAN, J. D., *In Fragments: The Aphorisms of Jesus*, San Francisco, 1983.

1. Incluimos aquí sólo la bibliografía relacionada directamente con el Documento Q. Para los otros temas tratados en esta obra remitimos a las notas a pie de página de los diversos capítulos.

En relación con las fuentes, hemos utilizado nuestra propia traducción de las mismas partiendo del texto original. Para el Antiguo Testamento, usamos la *Biblia Hebraica Stuttgartensia* (Editio minor), Stuttgart, 1984; para el Nuevo Testamento, El *Novum Testamentum Graece de Nestle-Aland*, Stuttgart, 1988; para la reconstrucción de Q, la última obra citada, J. Kloppenborg, *Q parallels...*, *op. cit.*, y K. Aland, *Synopsis Quattuor Evangeliorum*, Stuttgart, 1965; y para las referencias de Flavio Josefo, la edición del mismo de la Loeb Classical Library.

Harnack, A. von, *The Sayings of Jesus*, Londres, 1908.
Havener, I., *Q: The Saying of Jesus*, Wilmington, 1987.
Hengel, M., *The Charismatic Leader and his Followers*, Nueva York, 1981.
Jeremias, J., *Die Sprache des Lukasevangelium*, Gotinga, 1980.
Kloppenborg, J. S., *The Formation of Q*, Filadelfia, 1987. [*El documento Q*, Salamanca, Sígueme, 2004.]
–, *Q Parallels*, Sonoma, 1988.
–, Meyer, M. W., Patterson, S. J. y Steinhauser, M. G., *Q Thomas Reader*, Sonoma, 1990.
Koester, H., «Apocryphal and Canonical Gospels», en *Harvard Theological Review*, 73, 1980, pp. 105-130.
Mack, B. L., *A Myth of Innocence: Mark and Christian Origins*, Filadelfia, 1988 (c. 2-3).
Manson, T. W., *The Sayings of Jesus*, Londres, 1937.
Piper, R. A., *Wisdom in the Q-Tradition*, Cambridge y Nueva York, 1989.
Polag, A., *Fragmenta Q*, Neukirchener-Vluyn, 1979.
Robinson, J. M. «LOGOI SOPHON: On the Gattung of Q», en H. Koester y J. M. Robinson, *Trajectories through Early Christianity*, Filadelfia, 1971, pp. 71-113.
Schenk, W., *Synopse zur Redenquelle der Evangelien Q*, Düsseldorf, 1981.
Streeter, H. B., «On the Original Order of Q», en *Oxford Studies in the Synoptic Problem*, Oxford, 1911.
–, «The Original Extent of Q», en *ibid.*, pp. 185-208.
Taylor, V., «The Original Order of Q», en *New Testament Essays*, Manchester, 1959, pp. 246-269.
Vassiliadis, P., «The Original Order of Q: Some Residual Cases», en *Delobel*, 1982, pp. 379-387.
Vidal, C., *Diccionario de las tres religiones monoteístas*, Madrid, Alianza, 1993.
–, *El judeocristianismo palestino durante el siglo I: de Pentecostés a Jamnia*, Madrid, Trotta, 1995.

–, *Diccionario de patrística*, Estella, Verbo Divino, 1993.
–, *Los Evangelios gnósticos*, Madrid, Edaf, 2005.
–, *Diccionario de Jesús y los Evangelios*, Estella, Verbo Divino, 1994.
–, *El maestro de Justicia*, Barcelona, Edhasa, 1995.

ÍNDICE DE NOMBRES

ÍNDICE

Diseño: Eva Mutter
Ilustración de la sobrecubierta: IDEE

Círculo de Lectores, S. A. (Sociedad Unipersonal)
Travessera de Gràcia, 47-49, 08021 Barcelona
www.circulo.es
5 7 9 5 0 0 6 8 6 4

Licencia editorial para Círculo de Lectores
por cortesía de Osobelena, S. L.
Está prohibida la venta de este libro a personas que no
pertenezcan a Círculo de Lectores.

Depósito legal: B. 14781-2005
Fotocomposición: Anglofort, S. A., Barcelona
Impresión y encuadernación: Printer industria gráfica
N. II, Cuatro caminos s/n, 08620 Sant Vicenç dels Horts
Barcelona, 2005. Impreso en España
ISBN 84-672-0873-2
N.º 06304